U0918839

超好玩漫画版

微反应

姜振宇教你察言观色

姜振宇/著 吴 君/绘

CNS PUBLISHING & MEDIA 中南出版传媒
湖南文艺出版社 HUNAN LITERATURE AND ART PUBLISHING HOUSE
博集天卷 CS-BOOKY

图书在版编目（CIP）数据

微反应：姜振宇教你察言观色 / 姜振宇著；吴君绘. —长沙：湖南文艺出版社，2012.8

ISBN 978-7-5404-5684-9

Ⅰ. ①微… Ⅱ. ①姜…②吴… Ⅲ. ①反应（心理学）-通俗读物 Ⅳ. ①B845-49

中国版本图书馆CIP数据核字（2012）第161445号

上架建议：心理学

微反应：姜振宇教你察言观色

著　　者：姜振宇
插　　图：吴　君
出 版 人：刘清华
责任编辑：丁丽丹　刘诗哲
监　　制：伍　志
策划编辑：杨清钰
营销编辑：刘菲菲
封面设计：柏拉图创意机构
版式设计：张丽娜
出版发行：湖南文艺出版社
（长沙市雨花区东二环一段 508 号　邮编：410014）
网　　址：www.hnwy.net
印　　刷：北京尚唐印刷包装有限公司
经　　销：新华书店
开　　本：787mm × 1092mm　1/16
字　　数：190 千字
印　　张：12.5
版　　次：2012 年 8 月第 1 版
印　　次：2012 年 8 月第 1 次印刷
书　　号：ISBN 978-7-5404-5684-9
定　　价：32.80元
（若有质量问题，请致电质量监督电话：010－84409925）

前言

preface

最近几年，随着美国电视剧*Lie to Me*（《别对我说谎》）的热播，让很多人知道了一个单词——micro-expression，这个神奇的词语被美剧字幕组翻译成微表情。

其实，expression这个词有很多意思，翻译成“表达方式”或者“表现”最为恰当。只有在加前缀facial-的时候，才能够准确地翻译成表情。所以，micro-expression准确的中文意思应该是“微表现”。可惜，“表现”一词在中文的语言习惯中，有太多故意的成分，这样一来，微表现就失去了其核心要义，不能用来辨别真伪了。因此，我们需要观察被测试的人在受到有效刺激（不是用针）之后瞬间的反应，这种表现更加贴近本能，更能说明被试者的真实心理状态。所以，本书在“micro-expression”研究的基础上，增加了情境分析、人物分析以及问题设计等内容，把身体微反应和微表情等内容统一用“微反应”一词来概括介绍。

美剧*Lie to Me*播出之后，大量相关的书籍开始跻身图书畅销榜，不论是国内外学者著述的，还是编译、编著的，总能成功吸引读者的眼球，因为它们似乎能指导读者如何在不说话的时候看穿别人的心理。

Micro-expression在科学研究领域属于“非语言行为”研究的一个子领域，关于非语言行为（Non-Verbal Behavior）系统而科学的研究在国外已经开展很久了。*Lie to Me*的科学顾问Paul Ekman（也就是剧中大神Dr. Cal Lightman的人物原型）就是这方面研究的专家。早在20世纪70年代，这项研究已经达到高峰。很多著作、论文以及著名的面部运动编码系统（FACS，Facial Action Coding System）都是在30年前就得到了学界的广泛认可。

这些原本学院派的科学研究内容，随着大众媒体的努力推广，尤其是*Lie to me*的神奇剧情推动，被中国广大观众获知。再加上各类书籍热销的二次推动，市面上就出现了颇多神奇的测谎标准。由于简单易记，这些标准成为很多初学者的黄金法则和炫耀资本。更有甚者，很多“学者”也根据这些依据、标准“著书立说”，推波助澜。

那么，神奇的读心功能能否通过观察和分析别人的微表现实现？是不是学习之后，就可以把身边的所有人都看得通通透透？那种做神的感觉是不是很美好？还是说，这种伎俩只是伪科学，和江湖上的算命如出一辙，完全是骗子们宣称的“超能力”？

可以肯定的是，只通过某一个表现的片段作为依据来判断真假，这个本领放眼全球还没有人具备。我不得不说，电视剧毕竟是电视剧。全球范围内，从事相关研究的人员在基础理论方面已经建立了比较完善的体系，但实际应用的经验还不足，还有很大发展完善的空间。要想通过分析各种微小的外在表现来判断谎言，是需要学习一个完整的体系的（您将会在第二章中了解到这个体系）。

所以，在本书中，我们就使用理论+案例的解说方式，力图把“心理应激微反应”这项科学的研究依据和应用体系介绍清楚，既不过分神化，也不盲目妖魔化。希望能够帮助有兴趣的人学习到正宗的分析方法，提高日常生活中的辨识能力。

目录

Contents

第一章 Chapter 1

微反应很神奇吗？

一、这些判断准不准？ / 3

二、一个靠谱的判断过程 / 13

第二章 Chapter 2

微反应的分析步骤

一、情境很重要 / 18

二、人物经历分析 / 24

三、设计好问题 / 31

捕捉微反应

一、为什么叫微反应？ / 53
二、轻松抓住八种身体微反应 / 57
三、呀！你变雕塑了——冻结反应 / 61
四、求治愈——安慰反应 / 73
五、快跑——逃离反应 / 83
六、长幼尊卑——仰视反应 / 89
七、我的地盘听我的——领地反应 / 92
八、我要消灭你——战斗反应 / 95
九、输赢不是平常事——胜败反应 / 102
十、两颗心的距离——爱恨反应 / 105

捕捉微表情

一、人脸上出现的动物表情 / 112

二、呀！我当时就惊了——惊讶类微表情 / 117

三、呸！好恶心——厌恶类微表情 / 121

四、我怒了——愤怒类微表情 / 124

五、怕！——恐惧类微表情 / 131

六、不哭，不哭——悲伤类微表情 / 136

七、今天我高兴——愉悦的微表情 / 139

生活中的微反应

一、微表情和微反应的总结 / 148
二、复合情绪的表现 / 177
三、各种情况下都能使用微反应 / 182
四、专业应用三个领域 / 183
五、不应该使用微反应分析的领域 / 187
六、最后的忠告 / 191

第一章

微反应很神奇吗?

奖状
微反应研究人员
微反应“砖家”

一部*Lie to Me*，让很多中国人知道了还有这么一门神奇的功夫，能通过解读表情和身体语言来识别谎言。要是真能够在不动声色的情况下洞悉人心，那周围人人的心理活动不就是透明的了吗？这么说我们都能成为洞悉一切的神？做神的感觉，真棒！

于是乎，*Lie to Me*的每一句台词都被仔细拆解，大量传播转载。当然，比较多的是字幕组翻译成中文的剧情台词。不过，这并不影响爱好者们的热情，每次遇到这样看似非常有知识含量的判断标准，都能让粉丝兴奋好一阵子，不但大量转发，还在评论中惊叹、赞美——学到东西了！

这些判断规则真的这么神奇吗？

一、这些判断准不准？

下面一组广泛流传的“微表情谎言标准”，比较具有代表性，如：

1. 回答问题的时候，眼睛向左转表示回忆，眼睛向右转表示编造。
2. 单肩抖动表示不自信，是说谎的表现。
3. 男性鼻子下方有海绵体，摸鼻子代表想要掩饰某些内容。
4. 说谎的时候，音量会提高（还有说降低的）。
5. 说谎的时候，说谎者会盯着对方看，以确定对方是否相信自己（还有的说虚情假意时不会眨眼）。

我们就分别来看看，这些广泛流传的标准到底准不准。

传说标准一：回答问题的时候，眼睛向左转表示回忆，眼睛向右转表示编造。

眼睛向左看是在回忆，向右看是在思考谎话。传说中的标准是，眼睛向左看……

每个人动用大脑的时候，眼睛运动的习惯是不一样的，需要先建立个人的回忆和编造的眼动习惯，然后才能判断是回忆还是编造。而且，就算是回忆，对图像场景、文字和数字的回忆，眼睛的转动也可能不同。不要滥用哦！

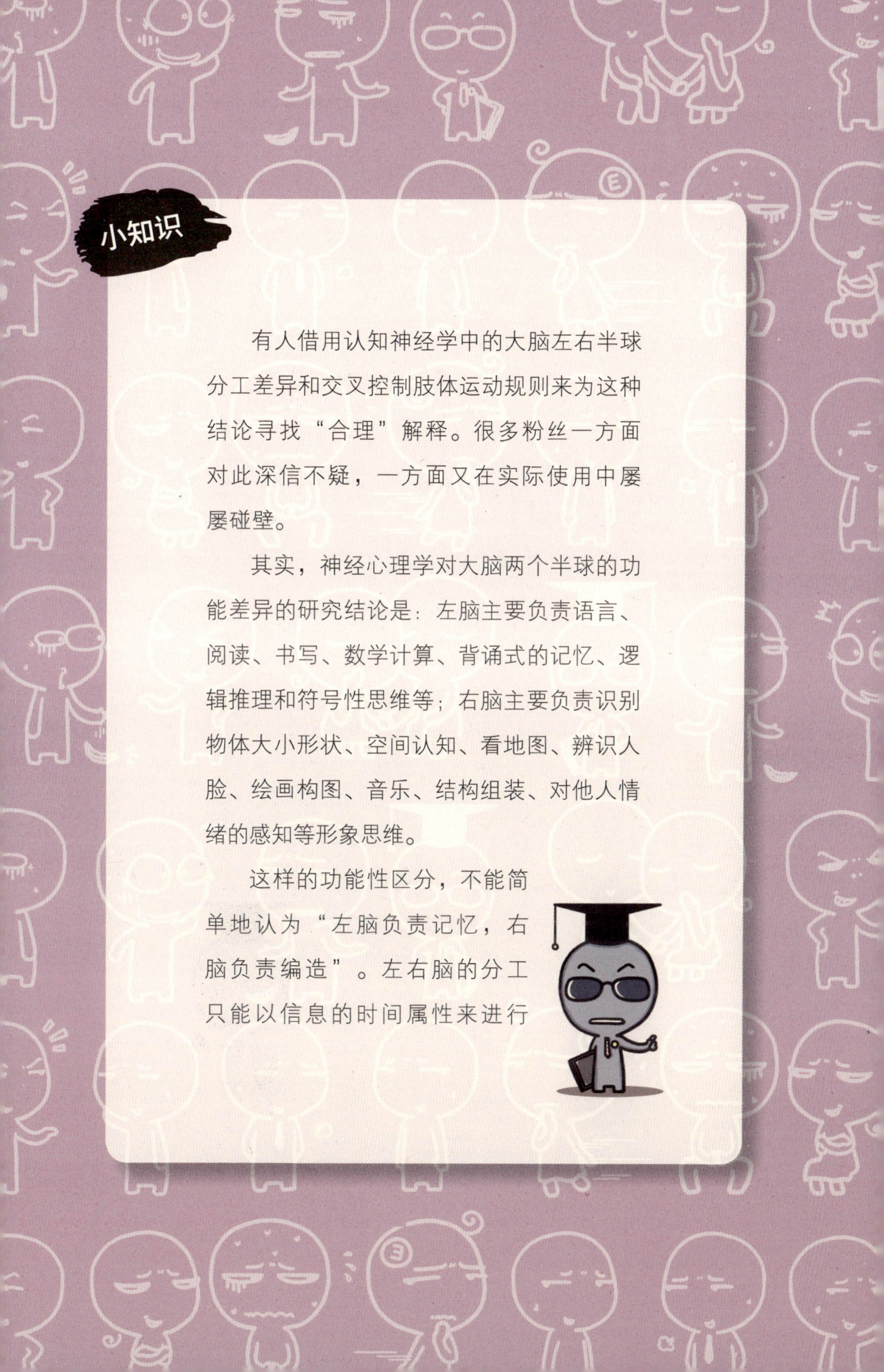

小知识

有人借用认知神经学中的大脑左右半球分工差异和交叉控制肢体运动规则来为这种结论寻找“合理”解释。很多粉丝一方面对此深信不疑，一方面又在实际使用中屡屡碰壁。

其实，神经心理学对大脑两个半球的功能差异的研究结论是：左脑主要负责语言、阅读、书写、数学计算、背诵式的记忆、逻辑推理和符号性思维等；右脑主要负责识别物体大小形状、空间认知、看地图、辨识人脸、绘画构图、音乐、结构组装、对他人情绪的感知等形象思维。

这样的功能性区分，不能简单地认为“左脑负责记忆，右脑负责编造”。左右脑的分工只能以信息的时间属性来进行

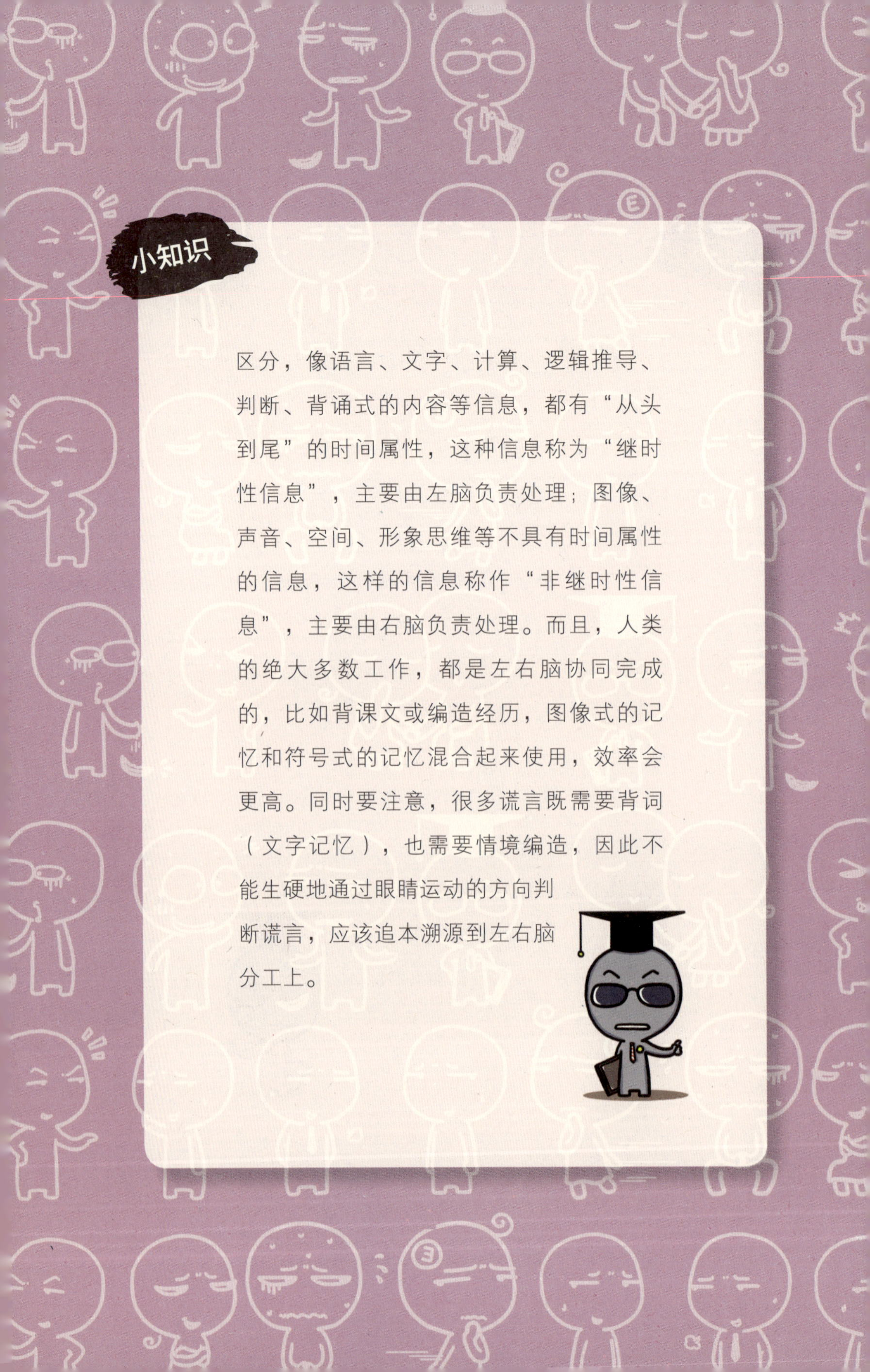

小知识

区分，像语言、文字、计算、逻辑推导、判断、背诵式的内容等信息，都有“从头到尾”的时间属性，这种信息称为“继时性信息”，主要由左脑负责处理；图像、声音、空间、形象思维等不具有时间属性的信息，这样的信息称作“非继时性信息”，主要由右脑负责处理。而且，人类的绝大多数工作，都是左右脑协同完成的，比如背课文或编造经历，图像式的记忆和符号式的记忆混合起来使用，效率会更高。同时要注意，很多谎言既需要背词（文字记忆），也需要情境编造，因此不能生硬地通过眼睛运动的方向判断谎言，应该追本溯源到左右脑分工上。

另外，还有人用大脑对肢体运动的交叉控制规则进行解释，把眼睛的运动方向和两侧大脑的交叉控制规则（左脑控制右侧肢体运动，右脑控制左侧肢体运动）生硬地联系在一起。其实，这是对运动神经系统的交叉的错误认识。

为了提供良好的视觉信息，眼睛的运动必须保持同时、同向，否则就会导致视觉混乱。眼球是在6条眼外肌的共同作用下产生转动，而每一根管理眼外肌的神经，都是听命于双侧大脑的指挥，注意是**双侧**。也就是说，每一只眼睛都同时被两侧的大脑管理着。所以，正常的眼睛运动都是同向的，而不会像肢体那样可以双侧不同向、不同时运动。总之，视线方向的表意解读和左右脑的分工以及交叉控制之间不存在那么简单的逻辑关系。

传说标准二：单肩抖动表示不自信，是说谎的表现。

传说标准三：男性鼻子下方有海绵体，摸鼻子代表想要掩饰某些内容。

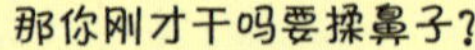

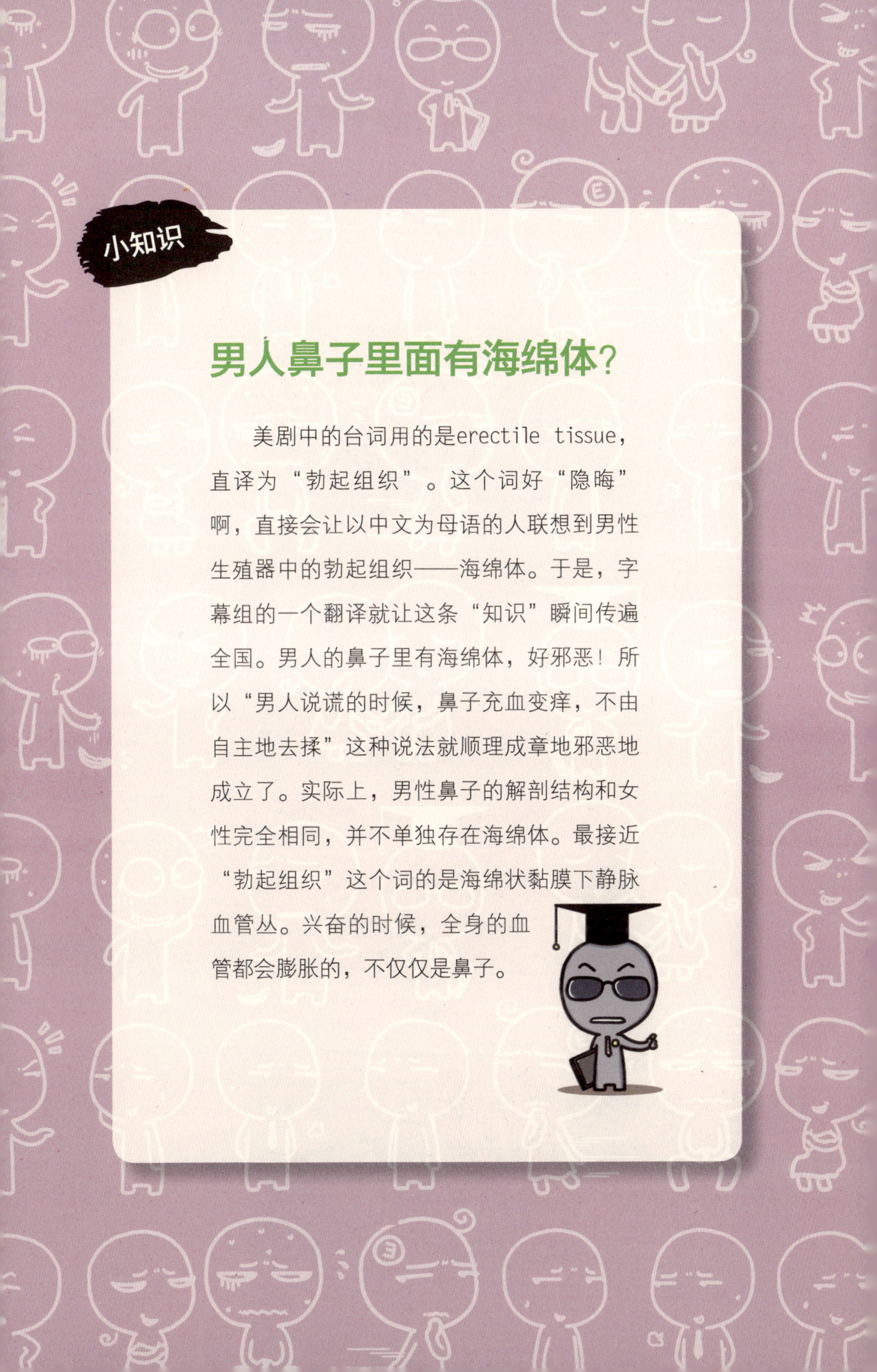

小知识

男人鼻子里面有海绵体？

美剧中的台词用的是erectile tissue，直译为“勃起组织”。这个词好“隐晦”啊，直接会让以中文为母语的人联想到男性生殖器中的勃起组织——海绵体。于是，字幕组的一个翻译就让这条“知识”瞬间传遍全国。男人的鼻子里有海绵体，好邪恶！所以“男人说谎的时候，鼻子充血变痒，不由自主地去揉”这种说法就顺理成章地邪恶地成立了。实际上，男性鼻子的解剖结构和女性完全相同，并不单独存在海绵体。最接近“勃起组织”这个词的是海绵状黏膜下静脉血管丛。兴奋的时候，全身的血管都会膨胀的，不仅仅是鼻子。

读者：连着吃了两次西瓜了，是不是作者在偷懒啊？！

作者：好吧，这次不吃西瓜了。

传说标准四：声音的变化。

声音上扬是强调，说谎；声音降低是心虚，说谎。

这TM还让不让人活了，高也是说谎，低也是说谎，太不靠谱了。

注：TM，网络用语，意为“他妈”。

传说标准五：说谎的时候，说谎者会盯着对方看，以确定对方是否相信自己。

其实，更多人在迫不得已地说谎时（通常都是临时起意编造谎言），会出现明显的视线阻断，因为他们害怕自己的谎言被当面拆穿，所以不敢从对方的眼睛里获得评价信息。当然，如果说谎的人的确是作好了充分的准备，那么确实会在叙述关键信息（尤其是虚假信息）的时候盯着对方的双眼看，这样可以在更加关注对方反应的同时表达自己的真诚。这是个不错的方法。

说谎的时候，会不会出现视线阻断，不能一概而论。同样，虚情假意的示好或者表达威胁时（当然也是有心理准备的），的确不太会眨眼，因为要表达“真诚”嘛！但不应该反过来说，不眨眼就是虚情假意。

好啦，看过这些小故事，大家已经明白了这些“不靠谱”标准的套用有多么可怕。我们来总结几个共同点：

1. 滥用简单的标准，很有可能会分析错。而一旦分析错，受损失的绝不仅是对方，更多的是自己。

2. 这些标准不灵，不一定是标准的问题。在不同情境下，在不同的人身上，这些标准有可能是对的，也有可能是错的。所以，情境分析和人物分析都很重要，还是那句话——“具体情况要具体分析”。

3. 那些听起来特别神奇的大师、专家，仿佛只需要一眼，就能辨明世间的真假，这在成年人眼里是很可笑的，因为真实的世界很复杂，而最复杂的莫过于人心。

4. 如果真有这样的专家，那么请相信，他在作出判断之前，是经过非常周密的观察和思考，在严谨分析之后才说出的结果。在真正的专家眼中，思考过的内容要远远比说出来的东西多得多。

既然简单套用这些标准不对，那要怎样才能通过微反应来分析一个人的言谈举止呢？

二、一个靠谱的判断过程

就算是把*Lie to Me*里的所有台词都背得滚瓜烂熟，套用在实际情况中，也会弄得自己不断撞墙。那到底怎么分析才靠谱？请看下面的这个小故事。

有一个男青年，正在自己的宿舍里和正牌女友卿卿我我。突然，另一个可爱的小姑娘推门而入……

惊讶表示没想到另外一个女生会来；瞳孔缩小表示不希望，证明另外那个女生是负面刺激。

注意看图！在小姑娘探身进门的那一瞬间，两个人都出现了冻结反应——身体瞬间停滞了。不过，男孩是睁大双眼做吃惊状，而女友则是皱紧眉头做思考状。仔细观察的话，男孩除了明显的身体姿态变化和表情变化之外，还有一个小细节——瞳孔缩小。

男孩觉得有些尴尬，主动说……

关键时刻的提问，在我们的微反应研究中被称为“有效刺激”。人在回答问题的时候，需要动脑子思考应该怎么说，所以这个时候进行有效刺激，能让人对自己的表情和肢体控制力度降低，呈现出更多的微反应。我们来看看男青年在回答问题的时候有哪些表现。尤其要特别注意一下眼睛。因为我们在这个例子里，是通过眼睛的异常运动来捕捉矛盾的。矛盾，才是找到谎言的线索。

虽然我们不建议使用微反应来分析自己身边的家人、朋友和爱人，不过如果遇到脚踩两只船的坏家伙，“忍无可忍，就无须再忍”，既然对方的人品有问题，这时候就不再需要投入真情了。

这个姑娘就要比大多数专家专业得多，既能够观察细微的变化，也能够通过提出关键问题来确定基线用于比对。问题问得专业巧妙，又能观察入微，把男孩说谎时候的异动捕捉得一清二楚，实在是高手！

当然，这毕竟还只是个例子，判断的依据还是单薄了很多，目的只是为了告诉大家，简单套用那些“不靠谱标准”肯定不行。至少要了解情境（发生了什么事）、人物（对方是个什么样的人），然后问对问题（好的问题可以起到事半功倍的效果），最后再通过微反应找到矛盾。矛盾，才是谎言的尾巴。

其实，生活中很多人都会感觉到对方在对话时反应好像有些不正常，这并不是必须通过学习微反应才能学会的本领，靠经验积累也行。不过，专业人员通常具备两个超越常人的地方：一是能够观察得更系统、更细致，也能更准确地观察到微反应所代表的含义；二是会通过设定基线刺激和有效刺激，用来比对对方的微反应是否违背了基线的反应习惯。

总结：用心理应激微反应分析人，要根据情境，问对问题，确定基线，比对异动，才能得出靠谱的结论。在第二章中，我们会详细解释如何正确通过微反应看透一个人的内心。

第二章

微反应的分析步骤

在第一章中，我们知道，如果试图通过微反应来准确分析别人的心思，一定不能把电视剧或者互联网中总结的标准简单地拿来套用，而是应该“具体情况，具体分析”。在这一章中，我们就来通过一些小故事讲一讲，在使用“微反应”分析时，要进行的四个必要步骤。有了这些必备的起始步骤，才能在捕捉和分析那些出现在脸上、身体上的应激反应的含义时，更加准确。

严格地说，微反应分析是一个完整的体系，包括以下四个步骤：

第一步：情境分析。

第二步：人物分析。

第三步：设计问题。

第四步：才是大家耳熟能详的通过“微表情+微反应”等非语言反应线索来辨别真假。这一步就像一棵枝繁叶茂的大树上闪闪发光的叶片，而前三步则像是树根和树干。

一、情境很重要

微反应在专业应用中，常用来挖掘当事人不想直接说出来的信息，所以当动用微反应进行心理分析的时候，通常意味着事情比较严肃。在严肃的事情中，当事人总会使用各种手段来保护自己的利益，会掩盖事实，甚至捏造事实。那么在动手分析他人之前，第一个要做的工作，就是分析清楚事情的来龙去脉。

1. 抓住事情的来龙去脉

我们试着用一个职场常见的小状况来说明一下，分析事件情境应该注意哪些方面。

小马是中美合资公司的重要中层管理人员，手里掌握着一个重要的项目，掌握着一大批客户的资料以及公司的商务数据，但因为在三个月前的一次升职中，没有得到美方老板和董事会的认同，所以没能晋升到理想的职位，留在原职不动。

更可气的是，另外一个行事风格迥异的竞争对手却得到了小马梦寐以求的职位。

以上情况，公司里的人基本都心知肚明，这是重要的背景事件。

在接下来的三个月中，小马的工作态度逐渐地出现了一些改变，不再疯狂地加班，不再领着自己的团队开会讨论，而是经常去酒吧（此前很少去），经常在上班时间不及时接手机。晚些接手机的时候，都是推说当时正在客户那边谈事情不方便。最明显的表现就是小马所领导的部门，此前一路稳健攀升的业绩在此后三个月不仅停滞不前，而且迅速下滑。

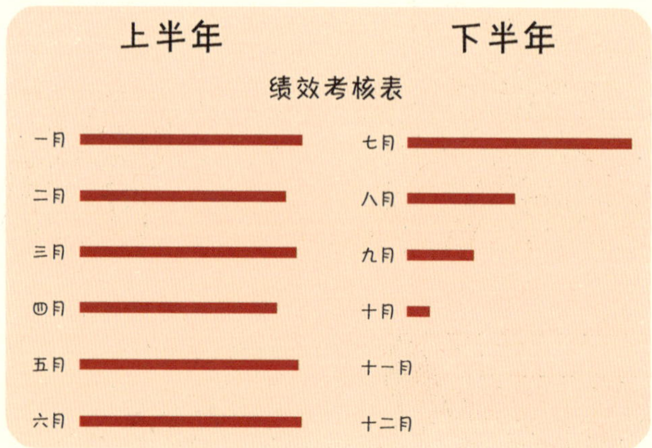

从这些迹象来看，小马是公司的一颗定时炸弹，存在很大风险。此时，老板需要确认小马是否会选择离职，甚至投靠另外一家同业公司，那么，老板就可以在谈话的过程中借助微反应的方法进行分析和判断。

谈话，谈什么是核心。要想评估小马身上的忠诚度和跳槽的可能性到底有多大，**问对问题是关键**。

如果不是这样的过往前情，换一个故事背景，比如小马一直发展顺利，业绩攀升，因而被老板怀疑有同业公司挖墙脚，那么这两种情况下需要提的问题会有很大的差异，小马回答问题时的微反应所暗含的意思也会有很大差异。

2. 理清利害关系

升职未成这件事让小马认为自己的努力没有换得应有的回报，尤其是竞争对手获得了他期望已久的职位后，小马的工作态度发生了明显变化。按照利害得失来盘算一下的话，小马升职是他的诉求，也就是利益取向，那么没有得到这个结果，则是**没有获得预期的收益**；另一方面，竞争对手获得了这个职位，对于小马来说则属于损失——**（老板和同事的）认可度受损，未来进一步升职的可能收益受损。**分析完小马的利益诉求和利害得失，再行判定小马本人可能处于什么心态，就会准确些，因为任何一个正常人所作出的决策，都遵循“趋利避害”的原则。当然，不是说因为没获益、有损失，就一定代表小马会离职或者背叛公司。他是否作出这个决策，还会受很多其他因素影响，因为他也许还有其他的利益诉求。

情境分析中最重要的内容，就是可以通过一些历史数据，分析清楚事件当事人关心的利害得失。由于人人都回避不开“趋利避害”的大原则，所以不论当事人作什么决策，其实都是为了获取更多的利益，或者逃避可能的损失。根据这一原则进化而来的生存准则，是分析当事人行为的重要逻辑基线，非常重要。

当然，事是人做的，人又绝不止小马一个，所以还应该考虑更复杂的因素——利益集团。

比如说，在公司里面，和小马站在一个利益集团里的人（如铁血手下），如果小马跳槽，也许他们会一起走。那么这些人近期的言行就值得注意了。

反之，公司里和小马站在利益对立面的人，比如竞争对手及其团队，是否在得势之后有些什么异常举动，如果他们变得得意扬扬且有明显的排挤行为，那么小马的决策就会受到影响。因此，这些因素也应当考虑进去。

另外，还要考虑有没有可能存在潜伏在幕后的黑手？比如，是否有可能有一家新公司，他们的老板正在召唤小马？没准儿，对小马最终决策起到最大影响作用的人是他的老婆？

最后，还可以了解一下，小马会在这个时候最在乎谁的感受？是自己，还是老婆、孩子、家人？还是一直以来很关照自己的老板？

总之，收集的信息越多，就对作出准确的利害逻辑基线分析越有帮助，而**这些小马关心的因素，也是谈话中很好的问题素材，因为这些因素都能有效地让小马受到刺激**。这样一来，分析小马在谈话过程中所作出的种种回答和微反应，就可以更加准确地找到其心理动因，减少犯错误的概率。

3. “物证”是基石

要收集的信息，不光是上面所说的这种“软”信息，还包括物证，比如：一张小马和新公司老板一起吃饭、谈笑风生的照片，那么这件“物证”包含的信息就显得有力很多。这样的物证不一定要偷拍才能取得，登录微博、社交网站等公开平台你就会寻获些蛛丝马迹。

当然，仅凭一张照片就断定小马已经“叛变”，还是过于武断。但有这样一张照片，至少可以证明他们已经会面交谈过了。这个信息如果在测试谈话中被小马否认，则说明小马一定隐藏了什么重要事情，那么对他的所有说辞，就都必须提高警惕。

4. 利害关系走向分析

最后，在所有基础信息都很清晰的状况下，大家可以参考一条很简单又很重要的准则：**任何决策的作出，都会遵守趋利避害的原则**。因此，在当下的时间点，如果能梳理出当事人在作出决策后（说谎或者不说谎），整件事情的利害走向，那么基本上就可以准确地预估当事人可能会作出的决策。

决策（1）：此时此刻，如果小马说谎（说“我不会跳槽”，但实际准备跳槽）。

这时候，如果老板并不相信小马的表白，决定为他的跳槽作出种种准备，那么公司一定会着手做这些事：资料保密，对他行为进行限制（比如让小马答应禁止同业就业的协议等），对其管理团队的人员进行安抚等。这样一来，就减少了他带走公司资源作为自身资本的可能性，也使小马彻底失去继续留在公司的可能。

另一种可能，如果老板相信小马的叙述，确认他没有在准备跳槽，那么后面的事情就很简单了，小马就是既得利益者。

那么，在这个利害走向分析中，小马会选择说谎吗？

决策（2）：如果小马没说谎（也就是他心口一致，真的没有准备跳槽）。也许小马此前的各种糟糕表现，仅仅是因为心情原因，甚至是家庭原因（家人生病等），在这些辅助信息可知的情况下，重复一次上面利害得失分析。

如果老板并不相信小马的叙述——认为他就是在准备跳槽，那么公司会作出各方面准备……而无辜的小马完全没有继续在公司中生存的可能了，又没有找到合适的下家，所以会遭到双重打击。

这时候，如果老板相信小马的叙述，确认他没有在准备跳槽，那么后面就会详细询问异常表现的原因，并在了解事情后作好思想工作，让他能够从容应对困难。而小马本身又是有能力的员工，必然会在困难过后，尽自己的努力来报答公司和老板的恩情。

那么，在这个利害走向分析中，小马会选择说谎吗?

大量的事实和背景调查，可以帮助我们对事情的发展和当事人的表现作出正确和全面的评估预测。但是，就算整理清楚了事实，也不能仅凭这些事实和逻辑直接推断小马是否会跳槽。因为不同的人，会有不同的行为模式和决策模式。如果小马此前是一个有多次跳槽“前科”的人，那么警戒级别当然要提高一些；但如果小马本身是一个忠厚老实有担当的人，那么他的行为举止改变就很有可能还受其他因素的影响。

所以，在了解了事情经过的基础上，我们还要再用心做一件事——了解当事人的行为模式。他是什么样的人?会做出什么样的事?因为，不同的人，面对相同的问题，会作出不同的决策。

二、人物经历分析

1. 个人历程回顾（第一种情况）

如果小马的成长经历是这样的……

自幼丧母，跟父亲长大。

从小只有爸爸。

爸爸非常严厉，会使用体罚的方式惩戒错误。

上学的时候积极努力，完美主义。

受父亲男性风格的影响，爱打架，做事直接，目的明确，不服软，不认输。

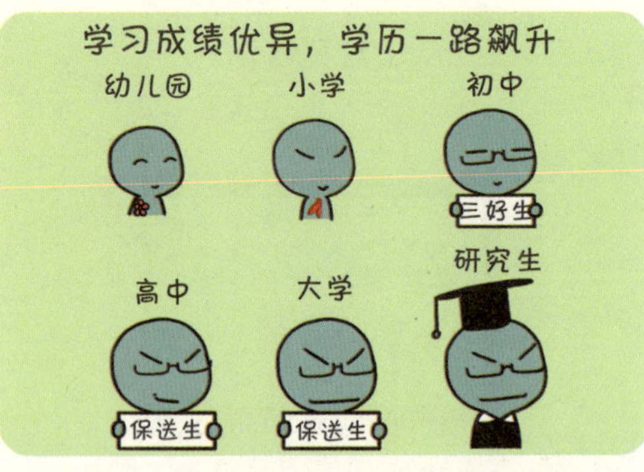
学习成绩优异，学历一路飙升
幼儿园
小学
初中
三好生
高中
保送生
大学
保送生
研究生

听说新来的经理是法律专业，还辅修数学，逻辑思维清晰，是绝对理智的人。以前每次跳槽都会升职加薪……

做不完就加班！！！
是，老板！

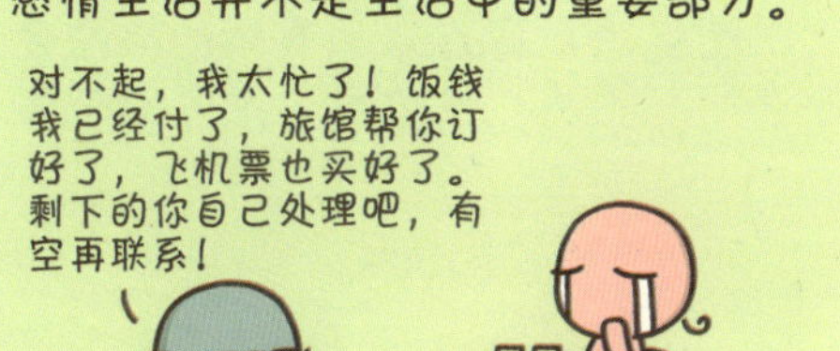

请各位思考一下，这样的小马，在遇到目前的境遇时，有没有可能选择跳槽？在被老板问及这个与核心利益相关的问题时，有没有可能说谎？

2. 个人历程回顾（第二种情况）

如果小马的成长经历是这样的……

自幼家庭温暖幸福，受到良好的教育……

欢乐家庭！

父母适当的教育方式和温柔的鼓励会让孩子有安全感，处事相对客观、乐观！

会努力，容易满足！

人际交往能力优秀！

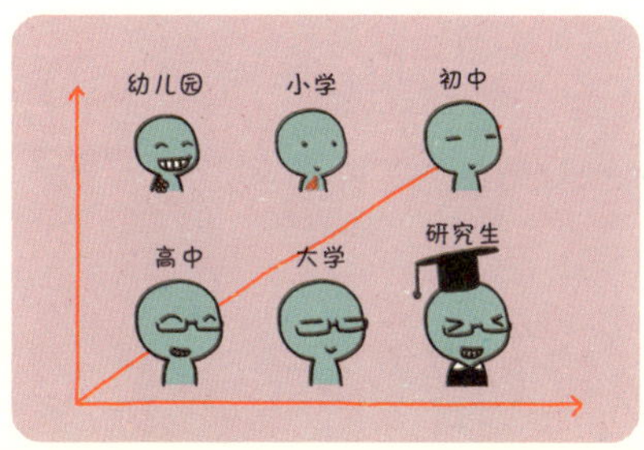

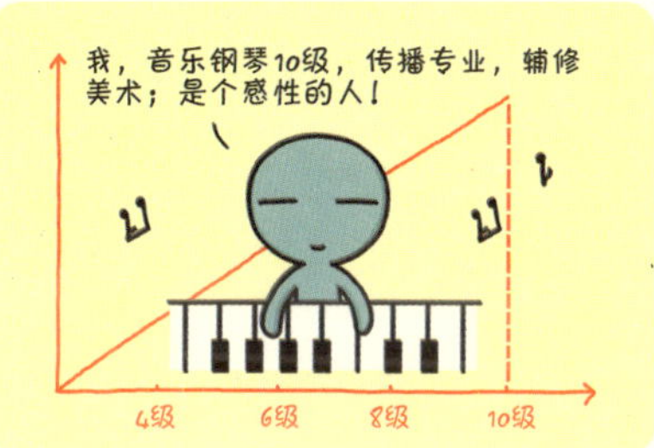

对手下奖惩分明，和同事相处有礼貌！

锐意进取，闻过则改。

这次你写的策划总体还行，有些不足的地方我已经给你列出来了，再修改下会更好！

是……谢谢经理！

谦虚谨慎，戒骄戒躁。

辛苦啦，继续努力啊！

我会的，经理！

夫妻恩爱！

家庭幸福！

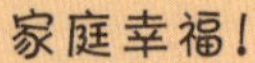

请各位思考一下，这样的小马，在遇到目前的境遇时，有没有可能选择跳槽？在被老板问及这个与核心利益相关的问题时，有没有可能说谎？

可以看得出，经历上面的两种不同的人生轨迹，在相同的情境中，当事人在关键时刻做出的事情可能是不一样的。

每个人的成长环境不同，从父母身上学到的社会交往规范和行为模式就会不同，再加上各种复杂经历的影响，不同人的思维模式和行为模式会存在很大差异。根据过往的经历进行系统化分析，有助于更加准确地预估当事人的行为模式，以便更好地解决问题。

三、设计好问题

估计前面的情境分析、人物分析，已经把你搞晕，现在不要倒下，坚持住！

因为，下面才开始正式的交锋。

要通过应激微反应判断一个人有没有说谎，先要设计好问题，也就是“刺激源”。当一个好问题问出之后，通常真相也随之而来。

好的刺激方案应该由一套相辅相成的问题交织而成，这套题目大致上可以包括四类问题：无关无压、无关有压、有关无压和有关有压。

与被测试的问题（比如跳槽）没有直接关系、不需要努力思考的问题，就是无关问题。比如“天气怎么样？”这样的随口即可回答的问题，就是无压问题；相反，需要动脑子思考的问题，比如计算或者逻辑推导等，就是有压问题。无关问题一般用于确定当事人的微反应基线。

1. 基线的确立

基线，就是当事人在正常状态下的反应习惯。这里所说的正常状态，是指完全没有压力时的反应习惯，比如轻松聊天的时候，畅所欲言的时候，回忆和表述客观事实的时候，开怀大笑、失声痛哭以及怒不可遏的时候，面孔、身体所具备的微反应特征。

要使用“微反应”识人必须设法确立基线，因为当事人在有利害取舍时可能会出现与基线不同的异常反应。需要特别说明的是，确立基线的问题可以贯穿谈话的始终，而不仅是放在一开始。

那么怎么确定基线呢？

基线是一个人正常状态，也就是“不装”的状态。所以，各种各样的交流方式都可以作为确定基线的方法。当然，在有目的的交谈过程中，最常用的方法当然是问问题。

问题一：符号性内容回忆的基线测试题目

说假话通常会分为两种情况：一种是当场瞎编的，通常是虚假情景的构造和描述，说谎的人脑袋里想的大部分是图像性的情境（人、物、故事）；另一种是提前准备好的，虽然也是虚假情景，但含有大量精心推敲

出来、符合逻辑的“台词”。背台词，就像我们小时候背课文一样，主要调动了大脑对于文字的记忆功能。所以，确定被测试人对符号性内容回忆的基线反应，能准确判断他是否在“背台词”。

问题二：非纪实性信息回忆的基线测试题目

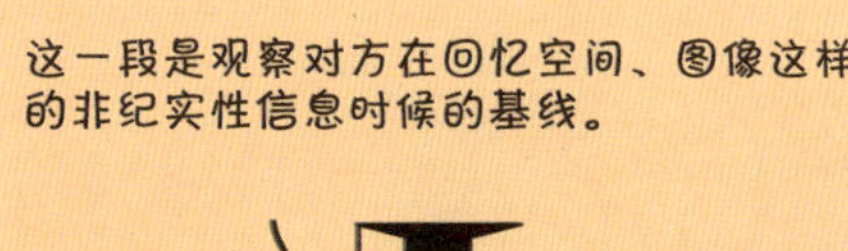

人说谎，可以分成掩藏信息和编造信息。掩藏信息是不说实情，而编造信息则是说一些假的信息来代替实际情况。真实信息的表述基于回忆，而编造信息则是在回忆真实信息的基础上，提前准备假“台词”，或者临场瞎编其他说辞。

因此，要判断表述的真假，关键是搞清楚当事人是不是在回忆事实。通过测试来确定回忆事实的基线反应，就可以在当事人背台词或者瞎编的时候，准确地找到破绽了。

和思维活动同步发生的反应里，眼睛的运动习惯是最常见也最容易捕捉的。

特别注意：每个人在回忆和思考的时候，会有不一样的眼动习惯，千万不要乱用“向左看是回忆，向右看是编造”这样的伪规则。要想了解当事人的个性化习惯，用这些基线问题来考量才是王道。

问题三：回忆和思考的基线测试题目

这些大家熟知的客观问题，需要进行回忆和思考，是绝佳的基线测试类题目。

问题四：关于假设性、编造性回忆情节的基线测试题目

如果下一个季度我把销售任务上调到三千万，你需要补充哪些资源？需要增加哪些成本？全公司的人随便你挑三个，然后讲一下你的大致思路。

……

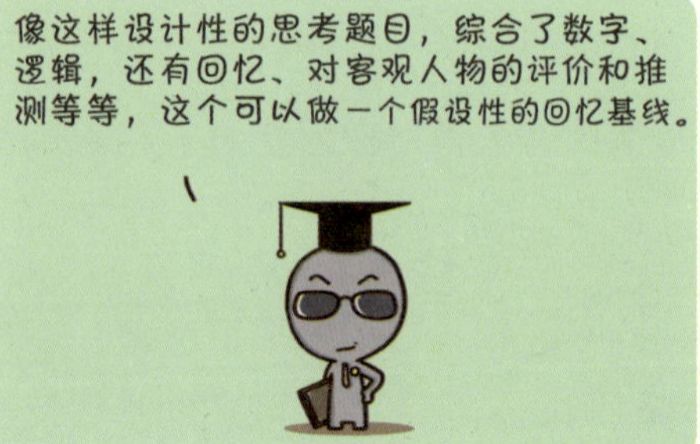

假设性信息表述的反应基线，属于典型的无关有压问题，很容易和当事人说谎（捏造型）时候的伴生反应相似或者相同。也就是说，一旦当事人回答问题的过程中，出现了上述假设性信息表述的微反应，那么很可能是在开动大脑——编台词。

2. 确定各种情绪的基线测试题目

除了这些基本的回忆、思考、表述基线测试之外，还应该进行情绪测试，掌握当事人出现各种情绪之后的习惯反应，比如表情和肢体动作。不过，真的测试的时候，很难让当事人出现图中愤怒的情绪，姑且尽力为之。

（1）惊讶类情绪测试题

惊讶源自于意外刺激，所以用当事人感到意外的问题来提问，会使对方产生惊讶类的微反应。这时，当事人心里可能在说：

“不可能吧？”

“怎么会这样？”

“你怎么知道？”

“啊？”

双眉上扬，眼睛睁大，嘴巴轻微张开，是惊讶的经典表情，另外肢体的扩展也是当事人觉得意外时的一种习惯反应。

（2）厌恶类情绪测试题

厌恶源自于否定，看不惯、看不上、不喜欢，都可能引起当事人的厌恶类微反应。这时，当事人心里很有可能在说：

“滚！”

“离我远点！”

“恶心！”

“切！什么玩意儿！”

皱眉+眼睑闭合+撇嘴，是典型的厌恶表情，说明当事人的心情——否定+排斥。

当刺激源力度进一步加大后，当事人很有可能会将厌恶情绪提升为愤怒情绪，因为这个新的刺激对他关心的事产生了威胁。

皱眉、瞪眼、咬牙切齿，是愤怒的经典表情，扩张的身体形态也是准备战斗的经典反应。

愤怒源自于感到自身利益受到威胁。利益不仅仅是指经济利益，还包括名誉、地位、关系、亲人、朋友、被认可度等等。反之，使用对当事人关心的利益能够产生威胁的刺激源，可以激起斗争的情绪，也就是愤怒。愤怒的外在表现，就是进攻，包括主动攻击和被动反击。

（3）恐惧类情绪测试题

恐惧源自于感受到了巨大的威胁，而且经过自己的评估（不管是理智评估还是直觉评估），都觉得自己搞不定了，无法打败对方。这时，当事人心里会默念：

“完了，这下完了！”

“悬！”

“坏了，这可怎么办？”

“千万不能让他知道。”

“坚持住，不松口……能坚持住吗？”

如果刺激源的压力过大，当事人觉得自己对即将来临的负面结果无能为力，就会产生恐惧情绪。绝望的眉毛和眼睛，收缩的防御性身体姿态，都是恐惧的经典反应。

注：LAYOFF TEAM，意为解雇团队

（4）悲伤类情绪测试题

悲伤源自于负面的结果已经发生，当事人没有能力挽回。在这个时候，因为利益已经受损，所以会暂时提不起精神来。当事人心理受损，很有可能是没有台词，如果有的话，就是下面的这句：

“怎么会这样啊？呜呜呜呜……”

面对无力挽回的损失，悲伤的情绪就会应运而生。除了流泪之外，眉头的上扬和闭合的眼睑，以及浑身无力的状态，都是悲伤的经典反应。

（5）愉悦类情绪测试题

愉悦源自于收获，不论是财物的收获，还是名誉的收获，或是其他人对自己的认可，都会引发愉悦的情绪。所收获的利益等于自己之前的预期，就是满意；所收获的利益大于自己之前的预期，且付出的成本又不高，就是得意；所收获的利益远超自己的预期，就会是愉悦。因此，恭维奉承、表示认同，以及给予积极刺激，都会使对方感到愉悦。

收到的刺激源信息如果能引发满足感，甚至超出自己的预期，就会引发愉悦情绪，而愉悦情绪最典型的反应就是笑。

总结：通过这样一些题目，可以对当事人的六种主干情绪进行测试激发，从而掌握当事人的表情形态和身体动作反应特征。

3. 提问题目的类型

一套完整的微反应测试题目包括四种基本类型，这四种类型分别是：

（1）无关无压问题

无关无压问题是指与被测试的核心事件（如跳没跳槽）没有直接关系，也不需要当事人费力思考的题目，在前面基线测试部分已经介绍过了。比如：

吃饭了吗？

昨天天气怎么样？

（2）无关有压问题

如果你需要看看他大脑飞速运转的样子，不妨给他出点复杂的题目。比如：走迷宫，或者做算术题（做一个特别复杂的题目）。这类与需要测试的核心事件没有直接关系，但需要当事人动脑筋的题目，就是无关有压问题。无关有压问题的类型有很多，比如计算、背诵、逻辑推导、归纳总结、情境假设、感受描述等等。比如：

你昨天吃的什么？

要是去旅行，你会随身携带些什么东西？

最喜欢哪个球队？为什么？

（3）有关无压问题

有关无压问题是指与需要测试的核心事件有间接关系，在时间、地点、人物、物品、利害等方面与核心事件相关，但并不会让当事人为难的问题。由于不会造成当事人的压力，因此当事人回答起来也比较自如，不需要过多思考或者犹豫取舍。用通俗的说法，就是“打擦边球”。比如：测试小马是否想跳槽，就可以这样问：

最近一单是什么时候签的？

知不知道近三个月来，你的业绩已经下滑50%了？

隔壁公司的赵总你认识吗？

昨天晚上在哪里？为什么不接我的电话？

（4）有关有压问题

有关有压问题是指直接和当事人利害相关的问题，也是当事人最容易说谎并产生各种微反应的问题。

有关有压问题通常是用多个核心关键问题来问询对方，并观察对方回答时候的反应。但是，大多数人都很聪明，当你连续问两个题的时候，他就已经知道你想要问什么或者你心里在想什么了。需要注意的是，连续使用有关有压问题提问是效率非常低的方式，不仅让对方逐渐增强心理防御，而且会破坏正常的交流，所以通常不要使用连贯的有关有压问题提问，除非是到了让当事人防御心理崩溃进行最后一击的关键时刻。比如：

你吃的饭花了多少钱？

听说你昨晚和赵总在一起吃过饭？聊了些什么？

你听说公司上周辞退的大刘，一共拿走了5万元的赔偿金吗？

隔壁公司里的那个职位好像是专门为你设定的啊!

是不是对公司有不满?有没有打算跳槽?

总结:按照上述原则,就需要我们把四类题目穿插在整套测试方案之中,使题目和题目之间的逻辑连贯性不要太强,这样才能更好地通过微反应判断被测试人的真实想法。

4. 测试题目问话的方式

会不会被前面题目类型的复杂理论吓到?好像很复杂的样子哦。对的,问对好的问题确实是件很复杂的事情。不过我们可以看看老板是怎么询问前面那个可能跳槽的家伙的,我们在现实生活中来体会一下这种微妙的提问方式。

从语言的角度来分析,小马的回答潜台词是:我对公司没有意见,之前的人事安排我也不会在意,虽然曾经希望被任命更高的职位,但现在这个结果不会影响我对公司的感情。

从表情的角度来分析,如果是笑容,则其逻辑稍有矛盾。老板的提问并不具备让人产生愉悦的刺激源信息,而是近似于严肃的质问。在这样的刺激源下,笑容的产生只能解读为表演性质的示好,表示自己没有因不公平待遇而产生坏心情。

从身体姿态的角度来分析，双手垂于两侧，躯干略微前弓，属于仰视反应中的低弱姿态，表示顺从，符合根据笑容表情解读出来的“示好”心态。

如果谦恭和顺从表现得没有过于夸张的迹象，那么整个反馈（包括语言、表情和体态）的逻辑是通顺一致的，说明小马对老板的提问心怀忌惮，没有厌恶甚至愤怒的抵抗情绪。

当然，上述分析都是建立在同一个假设条件基础上，即可以确定外在表现的真实程度，而过滤掉了可能存在的虚伪表演。如果疑似有表演成分在，那么分析起来就需要更复杂一些。

注意看小马的两个反应，轻微撇嘴和视线偏转。撇嘴表示否定，视线偏转属于逃离反应中的视觉逃离，说明小马认为面对的刺激源是负面的。两个否定的微反应，可以理解为对于“没聘上高级经理”的否定，也可以理解为对“表示惋惜”的否定。但不论是哪种，都说明对此事心怀不满。

请注意小马没有说话。其反应是经典的惊讶，表情方面：扬眉+提升上眼睑=眼睛睁大；身体方面：瞬间停止所有动作，呆住片刻。

1. 脸部的表情和身体的反应，都指向了同一个情绪——惊讶，而惊讶情绪的本质是对刺激感到意外。

2. 是什么让小马感到意外呢？老板所说的前半句话（美国人说了算），应该是公司内部的共识，不应该是意外信息。所以，可以把这种惊讶表现解读为“没想到经理会直白地表达对竞争者的认可”。

3. 那么，再深挖一下，没想到经理认可竞争对手，这一点能说明什么？可以确定的是，小马并没觉得竞争者比自己优秀，对落选的结果是不认同的。

请看小马的反应：皱眉，视线明显转移，撇嘴，手背后拘束。

哪，图里的表现就是典型的说谎了，因为此刻有两个矛盾：

1. 前面两道题中解读出来的信息，能够说明小马对聘任的事情心存不满，但此刻却说“没关系”，这是第一个矛盾。

2. 同时，表情中的皱眉、视线转移和撇嘴，都表示否定；双手的体后拘束则可以解读为抗争（承受）的心态，也是对刺激源的否定，属于厌恶。因此，通过当事人此刻的微反应解读出来的信息，和他自己表述的语言也是矛盾的。

因此，可以将这一综合反应理解为：认为自己做得很好，没有被任命是不公平的。

小马这时的反应是轻蔑表情和双拳紧握（不再体后拘束）。

根据前面几道题的分析，可以确定这次是有效刺激，并不是“你完全可以胜任这个职位”，而是“两个人都好”。轻蔑的表情表达了自上而下的否定，小马的潜台词是“他算什么玩意儿啊”。但是，从双手的握拳动作来看，其实小马对这句话的真实情绪是愤怒，因为握拳表示已经准备战斗了，愤怒是战斗的情绪动力。之所以脸上呈现出的是很轻微的蔑视。因为受社交礼仪规范约束，在这种情境下，不适合面露狰狞，要不然显得自己太没涵养了。其实，小马此时的真实想法是：自己才更好。

小马没说话，此时的反应是惊讶表情和冻结反应。

前面我们分析过惊讶表情和冻结反应的意思，所以这一套反应再次出现后，说明小马完全没想到老板会建议自己离开。从这个反应来判断，小马有两种想法：一种是没有动过离开公司的心思，对老板的这种“劝解”非常惊讶；另一种是动过跳槽的心思，甚至作好了准备，但没有想到老板会主动提出来。请注意，一个反应如果能够被双向解读，就不要吝惜自己的时间和脑力，一定要把解读作全面，防止武断的错误判断。

不过，通常在后一种情况下，因为自己的心思恰好被擦边球打中了，通常当事人会作出一些负面的身体反应，比如摩擦双手，或者向前略微弯曲身体等，这是被触碰到敏感点的弱势心态表达。

小马虽然没有用语言回答老板的问题，但是表情反应很丰富：眉头上蹙，视线转向下。

这次老板就直截了当地提问了。这种问题通常让人很难回答，除非是已经下了很大的跳槽决心。所以，此刻从非语言表达入手分析就变得非常关键。

眉头上蹙常见于恐惧和悲伤。如果是恐惧的话，眼睛会睁大，同时会目不转睛地盯住刺激源。现在的上蹙眉头搭配了一个明显的眼睛向下看，就能说明小马出现了悲伤的情绪。当然，还没有到悲伤的时候，仅仅是处于为难的阶段。目前的处境的确不爽，但又不确定如何解决，“无力挽回的损失”就是悲伤的本质啦。可见，对于老板的试探，小马没有表现出惊讶（你怎么知道我的心思？），没有出现厌恶（早就知道你会想要我走！），没有出现愤怒（连你也这么说！），而是出现了悲伤的情绪。再加上视线向下的视觉阻断，通常表示两种意思：一种是不想搭理他；另一种是为难，在用视线寻找答案支援自己。

由此，可以确定小马还没有下离开公司的决定。那么，真相已经在眼前了。

注意小马在回答“你觉得我斗不过他？”的同时出现扬眉+瞪眼的表情。

老板进一步给小马找到了离开公司的合理原因，而且显得很体贴。这一招就是所谓的“探底”了。急他人之所急，想他人之所想，站在对方的立场上为对方找“台阶”下，就看对方如何应对了。

小马的反应表明斗智被激发出来了。因为扬眉+瞪眼不是表示惊讶，而是对自己有信心的表现，相信自己能够战胜竞争对手。

请注意小马的表情——甜蜜笑容。

这时候，老板问到了小马最关心的事情——孩子，关心是最有效的积极刺激，小马的反应也表现了充分的积极情绪。

1. 敌意不强，能够在提及孩子的时候产生好情绪。

2. 关心、爱孩子，说明孩子对他很重要。

综合上述两点可知，小马现阶段跳槽的可能性比较小：一方面敌意不强，留下的可能性大；另一方面爱孩子的时候通常会采取保守策略平息风波，特别是在现状并不艰辛的情况下，寻求更好收益的心理动力并不充足。

如果目前是穷困潦倒的话，寻找高收益的新职位则会因为孩子的原因变得迫切，跳槽可能性加大。

注意他的撇嘴动作——颏肌收缩、下巴上扬鼓起小鼓包、下唇向上，通常称为苦涩的咧嘴，表示对过往经历的苦涩评价。

说明认同老板的评价。因为如果是不认同，比如说如果竞争者完全不是靠能力的话，会对这种话嗤之以鼻，持轻蔑不屑的态度。

老板的话说完后，小马脸上出现一个表情——撇嘴。

注意这个经典的撇嘴动作，尤其是下巴上那个凹凸不平的小鼓包，常见于悲壮之时。这个撇嘴在此时出现，可以解读为小马认同老板的说法，代表着有接受这个解决方案的可能——留下。

悲伤的情绪产生，并不是代表伤心，而是对既发事实的无能为力。

而提问者对所说的这种情况也是无能为力。所以悲伤的表情会出现，表示对对方所描述的客观情况的认同。

听了老板的话，小马的反应是：眉头微蹙，眼睛眯起且有微微湿润。

悲伤的本质是对负面结果的无力挽回。听老板这么一说，小马脸上出现了明显的悲伤表情，印证了小马对目前的局面也有心无力。所以，可以判断小马认可老板说的，虽然不能实现，但留下他的意愿超越了让他离开的意愿。否则，不会作这种不能实现的承诺。

老板现在的问题，是直奔主题，直接击中核心内容。小马不但承认想过跳槽，而且更想过跳槽之后面临的困难。再加上回忆基线的出现，以及身体上的弱势姿态，总体评价是——很诚恳。

现在，可以相信小马的确没有准备跳槽了。

通过这个例子，我们可以发现，如果希望知道真相，应该有组织有计划地设计一系列的问题，而且应该是针对当事人的特点设计问题，并注意观察当事人在回答时的反应，随后用逻辑进行分析和梳理，会得到比较准确的结果。这比简单而直接地提出那个双方都很敏感的问题，要靠谱得多。

所以，在这种利害相关的时候，在对方可能有很复杂的背景和思维能力的情境下，如果套用流传的“不靠谱标准”分析，错误的概率很大，对谁都是不负责任的。真正的微反应分析，一定要进行情境分析、当事人分析、问题设计和逻辑分析这几个步骤，才能得出靠谱的结论。

第三章

捕捉微反应

我高度担心第二章中所举的案例过于复杂，会打消大家的信心。也许你会说：哇！不是吧，我买这本书是用来偷偷学着当上帝的，怎么那么麻烦啊？！就算全看明白了，好像也不能确定一个人是否说谎，对吧？那还学个什么劲儿啊！

本人非常理解您的心情，但是并不想道歉。呵呵。

我不但不道歉，还要大声地说出下面的话：凡是怀着偷偷学习窥探别人心思当上帝的家伙，请一定记得，这套复杂的案例对您来说非常重要。如果仅仅想背一些条款就能看懂别人，那成本是不是太低了呢？人人都会1+1=2，所以1+1=2并不能解决什么复杂问题，更不能让您成为上帝。人类复杂的心理活动，哪能靠背几条标准，套用一下就能看透？

虽然判断一个人是否说谎（不在乎的时候当然可以像做游戏一样瞎猜）不能简单套用标准条款，但仍然是有规律可循的。

人不是神，人是有骨骼、有肌肉的蛋白质生物，只不过思维复杂了些，但到底还是动物。每个肌肉的运动，以及这些肌肉运动的组合，都是在神经系统的指挥下进行的，因此都具备解读意义。所以，只要不寄希望于当神，而是尝试着低调而务实地解读每个动作背后的意义，就能发现很多平常不会注意到的奥秘，也能帮助你更好地了解别人。

首先，我们要理清楚的一个问题是——看什么？是不是所有的外在表现，都值得去动脑筋分析。

一、为什么叫微反应？

什么样的外在表现才是我们应该关注且具备解读价值的呢？

我们将那些有解读价值的表现，称为“微反应”。下图的种种状况中，每个人的表现都具有特别而明显的表意，但是是否能够反映行为人的真正心态呢？

像最后这个可爱的姑娘一样，我们愿意看到这种甜蜜的表示。不过，这样的表现真的意味着爱情的到来吗？不论是热闹的表演，还是慷慨激昂的演说，或者是充满尊崇的行礼，都明确地表达了当事人想要表达的意思。问题的关键是，当事人真实的态度是什么？和他们表达出来的意思百分之百一致吗？

上图故事中的主人公作好了充分准备，有意要表现给别人看的动作，不具备解读真实心理状态的价值。如果给够充足的时间作准备，一个好的演员，可以把任何信息“真诚”地表达给你看，你会相信他的。但其实呢？可能每一个感动你的细节，都是有目的、有意识设计好的，就是为了让你相信才这么做的。虽然这些表现有失真实，但也有一些作用，我们可以通过这些表现解读出一类信息——他想让我知道（相信、感受）什么。

当然，不是每个人心理都这么阴暗、有心计，都能作好充分的准备来吸引你。如果想要通过解读外在表现来探究真实的心理状态，必须要过滤掉这些自主表演的部分，因为它们有可能不是当事人真实的心理反应。

问：那要观察和解读什么样的表现才有价值？

答：微反应。

问：什么是微反应？

答：心理应激微反应。

问：到底什么意思？！

答：人在受到有效刺激之后的瞬间（一个很短的时间区间）里，没有时间刻意表演。这一刻人通常会退回到朴素的动物反应标准——趋利避害——而作出的反应，就是应激反应。一般来讲，除非是遇到自由奔跑的豺狼虎豹，只要还在人类的社会中，多数人在出现真实反应后，会立即用修养、礼仪、社会规则来掩盖自己的失态，换上另外一副面孔。所以，那些最初的真实应激反应很“微”，持续时间短，动作幅度小，不易察觉，却很有解读价值，也是看懂一个人的关键。

我们要牢记一条规律：**先有刺激，再有反应，缺一不可。**这种应激微反应，才是我们重点观察和解读的对象。

说了这么一大堆，是不是把您说晕了，那好，我举个例子吧！比如，在漆黑的夜晚，刮着阴冷的风，时不时地出现一些诡异的响声，突然一个恐怖的形象向你扑来，这就是典型的刺激源。

上面这个例子比较极端，我们再介绍一个生活中常见的例子，来说明一下什么是“微反应”。

当一个人正在悠闲地散步时（注意“悠闲”这个原始状态哟），突然看到地上有厚厚的一沓钱，此时此刻，他被有效地刺激了！当然，作为一个有教养、见过世面的人，面子是不能丢的，所以，人家才不会弯腰去捡！此后的表现，就是社会规则和自我认知的刻意表现，而之前的那一瞬间，表情和动作还是透露出了真实的态度。那一瞬间的变化，很“微”。

为什么这个叫“微”呢？是因为首先有有效刺激，其次出现了真实心理状况的表现——视线和头的方向的转动，但是因为自己的理智思维受到了抑制，表现得并不充分而且时间很短，所以我们称之为“微”。

二、轻松抓住八种身体微反应

我们把人体在受到有效刺激后所作出的反应，按照情绪类型和动作特点，分为八种，分别是：冻结反应、安慰反应、逃离反应、领地反应、仰视反应、战斗反应、胜败反应、爱恨反应。

冻结反应：遇到意外的刺激时，会有瞬间的身体停滞，甚至张口结舌，就像被冻住了一样。遇到强大的压力刺激时，会把自己的身体尽量收缩，不论站着还是坐着，都不敢扩张身体，好像很冷的样子。这两类身体微反应——停滞和拘谨，都叫冻结反应。

安慰反应：感到不舒服的时候——比如被吓了一跳，或者做错事担心被揭穿，会不自觉地用手触摸自己，像摸鼻子、挠头皮、轻拍胸口，或者搓手等等，这些针对皮肤的自我安慰动作，都可以从生理角度改善神经系统的感受，进而缓解心理的负面感受，称为安慰反应。

逃离反应：遇到害怕又打不过的人，逃跑；遇到不喜欢的人，排斥性远离，这些表现称为逃离反应。

领地反应：是发生在自己的地盘里的一种反应。领地反应有三个特征：松弛是第一特征，霸气是第二特征，遇到侵犯威胁之后的那种不可一世是第三特征。这些都是动物在自己领地中的固有表现，人类也有。人类还有一个特别的表现，即使在没有绝对优势作支撑的时候，出于某种目的，也会假装扩张和标示自己的领地范围。上述种种真嚣张或者假装嚣张，都属于领地反应。

冻结反应

安慰反应

仰视反应：自己觉得自己很牛，绝不会弯腰低头；自己觉得自己很㞞，也绝不会昂首挺胸。高大的动物在搏斗中获胜概率较高，易于生存和繁衍，人类也继承了这种意识和表现，自视甚高的时候会把身体挺直、扬起下巴，在自卑或理亏的时候则“恨不得找个地缝钻进去”。当然，在对抗过程中，作为一种动物的人也同样会让自己变得尽可能高大，以期待从气势上威慑对方而不落下风。

战斗反应：当俩人真的动起手来，是人类理智最低的时候，这时的反应是最真实的、很难表演的。凶猛的一方会拧眉立目，肌肉挛结，呼吸急促，血脉贲张；处于弱势的一方害怕的时候则会优先采用收缩、扭转等动作，保护自己的头、眼睛、咽喉、胸腹和生殖器等脆弱的部位，防止受到伤害。这些反应都是战斗反应的类型。

胜败反应：赢了的人，内心的激动过剩，必须通过大力度的动作来进行宣泄，从而减少身体内部的神经负担和循环负担。同时，不论是高举双臂还是大声号叫，或是做后空翻等高难度的动作，都是为了吸引关注，让自己的胜利被更多的人知道。输了的人，则垂头丧气，没有精力支撑身体和神经的双重压力，所以看起来是蔫蔫的，仿佛身体中的能量已消耗殆尽。这些反应属于胜败反应中的两种类型。

爱恨反应：喜欢一个人的时候，就想和他黏在一起；不喜欢的时候，恨不得看不到，哪怕是触碰一下手臂，都会非常不情愿。所以，身体的距离直接反映了内心的接受程度，能自然趋近，表示接受；不愿产生趋近或接触（包括视觉接触），表示排斥。这就是爱恨反应。

仰视反应

战斗反应

胜败反应

概括介绍上面八类身体微反应的时候，使用了比较浅显易懂的情境案例来说明。真实生活中的“文明”交往，会让所有的反应发生变形和衍生，变得比较隐晦，但本质相同，下面会一一详细列举和解读。

三、呀！你变雕塑了——冻结反应

1. 你是一种动物

我们必须承认，人类仅是地球上诸多生物的一种，虽然拥有发达的大脑，会生产产品，会使用复杂的工具，会建立复杂的规则，但是人仍然是动物而不是神。作为动物的人类，在进化的过程中保留了很多与自然界互动的本领，这一点与其他动物相似；即便是在社会活动当中，也有很多反应机制沿袭了动物们求生存、求繁衍的本能。因此，我们可以先“自降身段”，从分析动物的反应来理解一下人的反应机制。

肉食性动物（包括吃虫子的物种）靠捕食来维持自己的生存，因此进化出一种功能——善于察觉和捕捉动态的对象（因为食物会跑呀）。而另

一方面，被捕食的一方（谁都有这个时候）则进化出另一种本领——在感受到危险的一瞬间，采取完全静止的姿态，减少被发现的可能，同时也能争取时间想清楚如何应对。之后要不要跑，能不能跑得掉，就是决策问题了。

如果你观察过苍蝇，就一定会记得，这种生物在你轻手轻脚靠近的时候，会停下手里的活计，仿佛在等待着什么，而在你出手的瞬间，它会莫名其妙地逃脱。所以，那片刻的安静是非常重要的。

2. 冻结反应有两种——停滞和拘束

冻结反应的两种类型是：停滞性冻结反应和拘谨性冻结反应。

停滞性冻结反应源自意外的刺激，是吃惊的表现；而拘谨性冻结反应源自压力或者局促，属于害怕，害怕不好的结果发生。

那个该死的老鬼已经把所有的财产
都留给你弟弟了。

什么？？？

经典惊讶类冻结反应。

为什么你的匕首上检验出
了你弟弟的血迹？

经典拘谨类冻结反应。

3. 我为什么会冻结!

停滞类冻结反应的出现，说明刺激是在当事人所没有想到的意外情况下出现的，在停止身体动作的那一瞬间，其实脑子里开足马力在思考对策，有可能是混乱的思考，也有可能是情急之下有妙招的思考，但无论如何，很忙。

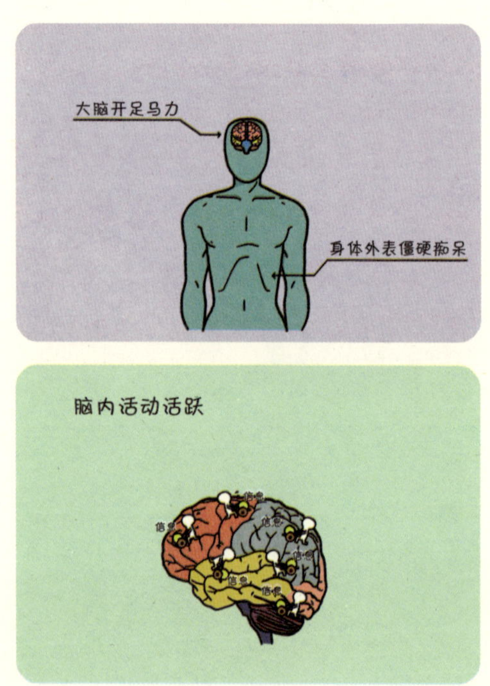

拘谨类冻结反应的出现，说明刺激源对当事人造成了巨大的心理压力，当事人一边收缩身体，一边积极思考，以便减少被伤害的可能性。

4. 什么情况下会冻结?

A. 惊讶类冻结反应

停滞性的冻结在生活中比比皆是。比如，一对男女正在卿卿我我的时候，女人的丈夫突然回来了……

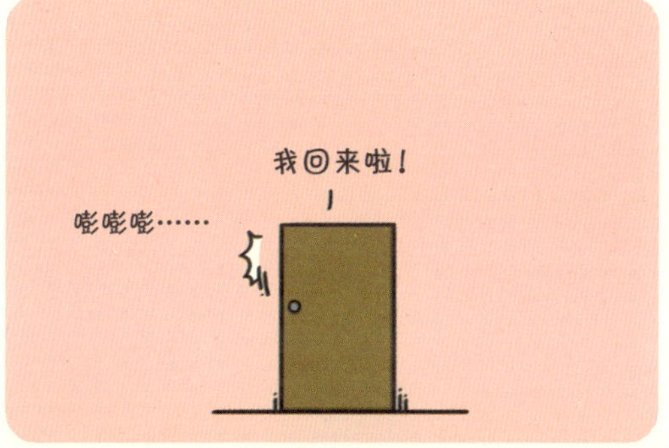
我回来啦！
嘭嘭嘭……

冻结反应

我是电灯→
老公人家好想你……

做亏心事的时候受到意外刺激，最容易出现冻结反应。所谓“不做亏心事，不怕鬼叫门”。

B. 拘谨性冻结反应

拘谨性冻结反应更多地出现在社会生活中，比如招聘，挨批评，在公开场合被推到台前展示自己。在有皇帝的年代里，拘谨性冻结反应表现得更加淋漓尽致。下面我们穿越过去看一下……

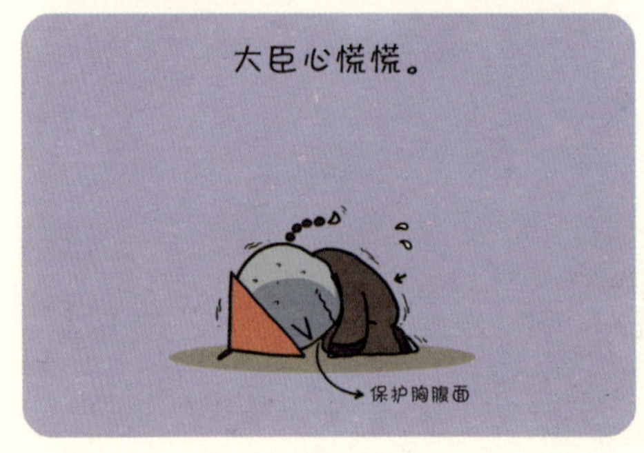

5. 冻结反应的局部表现

现在，大家应该能了解冻结反应的大体表现风格了。接下来，我们再细致地介绍一些比较经典的局部判断标准，供各位参考。

A. 腿和脚的冻结情境

这里讲的腿和脚的冻结其实经常发生在我们坐着的时候，比如，我们

在招聘会上，再比如我们在见到老板的时候。在这种情况下，不动要比动安全，因为不动可以将未知情况中的变数降到最低，而且最容易获取到尽可能多的信息，最容易作出有利于自己的决策。如果自己乱动则无形中加大负面刺激的概率，增加自己的负担，这就是为什么高手过招的时候会以静制动。

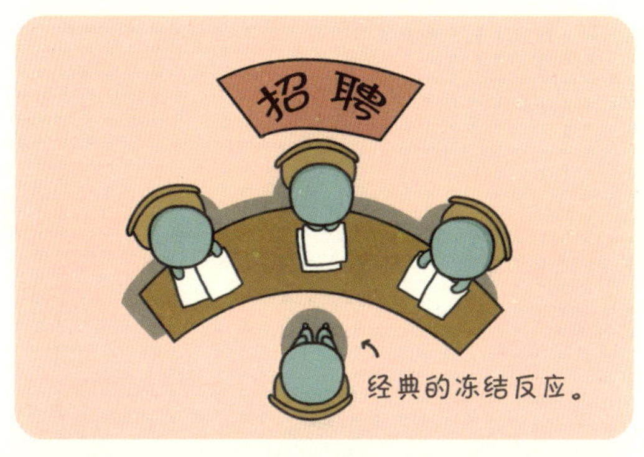

这是一个腿部坐姿双膝并拢的冻结反应。由此可见拘谨的身体映射了拘谨的内心。

请注意这个时候的呼吸是很细微的，大气都不敢出，呼吸冻结也是冻结反应的一种。

坐姿状态下，除了腿和脚的姿态具有解读意义外，躯干的姿态以及双手的紧张程度和位置，都能在一定程度上说明问题。

腿部凭借外力的冻结，象征着内心的抵抗。对于员工来说，这种繁杂的工作任务他是不愿意接受的，只好通过外物来控制自己的腿想要逃跑的欲望，这种冻结证明了内心的纠结。

B. 手的拘束

在盛大的典礼或者晚会上，或者是小调皮被叫到办公室修理的时候，逃跑是不可能的，所以站立时双腿笔直，看起来无可挑剔，这种时候，手的位置和姿态就更具备解读价值了。以下姿态比较常见：

体前拘束表示自我防护，映射了内心的弱势心态。此时，需要用手来阻挡可能对身体产生的进攻。

手背后呢，也是手的拘束动作，映射了当事人的一种疏离和回避，表示对刺激源的不认同和想要离开刺激源。

同样是批评和被批评，手的位置不同代表不同含义。让我们通过下面的情境案例来看一看。

情境分析1

情境分析2

如果心中紧张，可能会单手插兜。把手插在兜里，是心情紧张和自我防护心态的外在体现。当人处在不太适应的环境当中，会本能地出现这种冻结反应。但是当人身处有把握、有掌控感的环境当中，就不会有这种拘束的表现。

这样的姿态看起来很酷，其实是对当前环境的不适应和排斥，也是自我孤立心态的体现。

请注意以上这几幅图的站姿都是冻结。这种情况下不会出现跨立这种有信心的、有霸气的站姿。

如果是处于自己比较有把握的环境当中或在自己掌控的情境之下，他就不会做出刚才拘束的动作，而是做出大方或放肆的动作。

C. 面部的冻结反应

面部的冻结反应跟微表情里面的任何一种表情都不太一样，它是一种突然变化。可能从任何一种表情，变到面无表情，或者面沉似水，通常是从积极情绪转化到痴呆状或铁皮状。

任何人都有自己的弱点，哪怕是没有污点的人，也会有自己不希望被曝光的信息。因此，一旦出现意外又关心的刺激源，人们都有可能呈现出表情的冻结。

四、求治愈——安慰反应

安慰反应是指人在感到不舒服的时候，对自己进行的一些安慰动作。不舒服包括生理性的不舒服，比如肚子疼、头疼、痒痒或者一不小心被烫到了等等，这些时候你的第一反应是什么？抚摸、吹气、挠挠这些都是对这些生理性不适刺激的安慰动作。在微反应的研究体系中，更多的不适来自于心理刺激，比如紧张、惶恐、尴尬的时候人也会用手做出各种类似于挠头、摸脸、扇风、玩手指等小动作，用来缓解自己精神上的不适。

所以，安慰反应的原理很简单，不舒服→安慰反应→减缓不适。

1. 安慰反应原理

人类有三年的婴儿期，先来看看这个纯粹的幸福期，我们都是如何度过的。

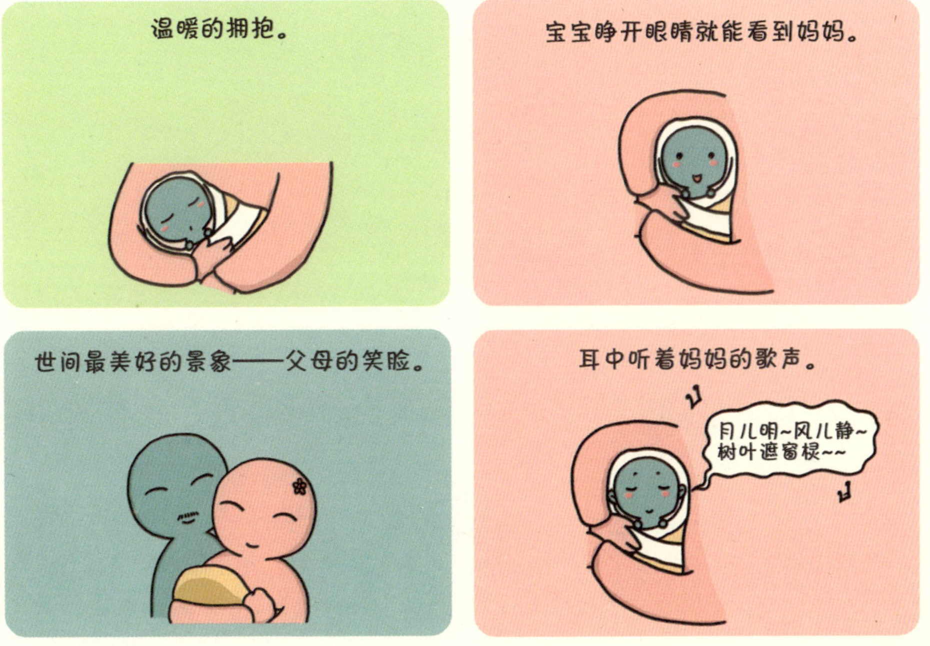

小的时候，我们躺在温暖的怀抱里，满眼看到的都是充满爱意的笑脸。

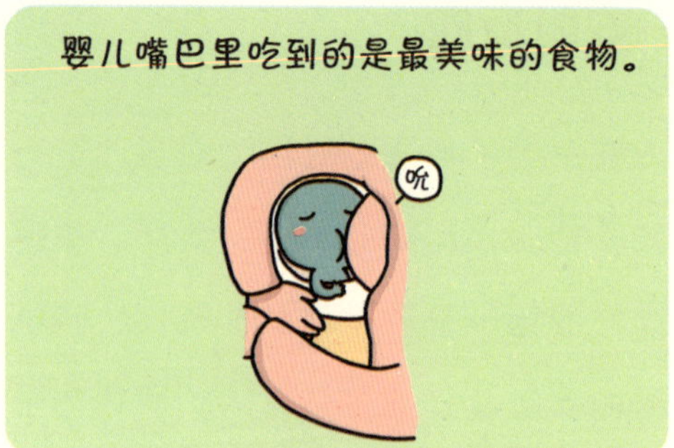

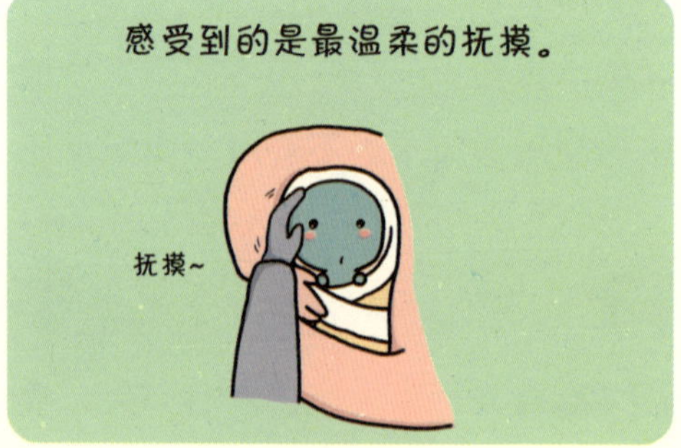

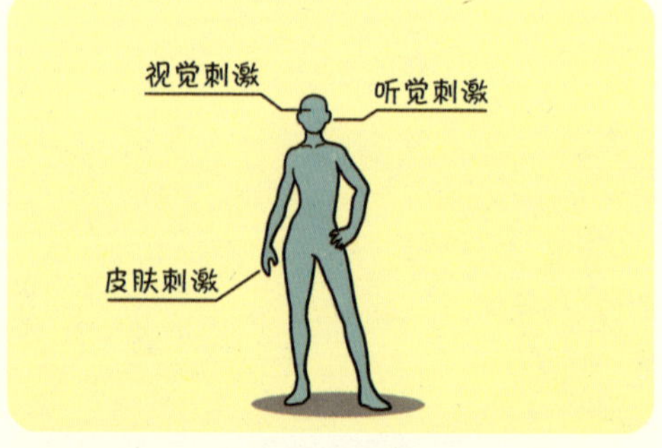

成年人对视觉、听觉、触觉等的需求和婴儿一样，如果给他们这些积极刺激，他们就能感受到美好的存在。难受的时候，别人给不了安慰，那就自己来。

成年人的视觉、听觉和触觉安慰需求，并不是简单地来自于婴儿时期的记忆，而是有生理基础支持的。通过满足这些需求，可以平衡甚至优化本来很恶劣的主观感受。比如说，青少年喜欢听重金属音乐，这也是一种安慰反应，虽然那种音乐并不温柔。

2. 视觉安慰反应说明

眼睛的动作非常微小，但它是人的主要信息接收工具，所以也异常敏感。当不适感产生的时候，眼睛会第一时间出现安慰反应。视觉安慰可以分成两类。

A. 视觉阻断

视觉阻断，就是通过闭眼、眨眼、眯眼或者瞳孔的收缩，来干扰光线的射入，以实现不再那么清楚且直接地接受视觉刺激的目标。

人看到自己喜欢的事物，会不由自主地睁大眼睛；看到自己不喜欢的事物，会不由自主地想办法不去看，采用视觉阻断。

看到喜欢的东西时，瞳孔会自主放大。

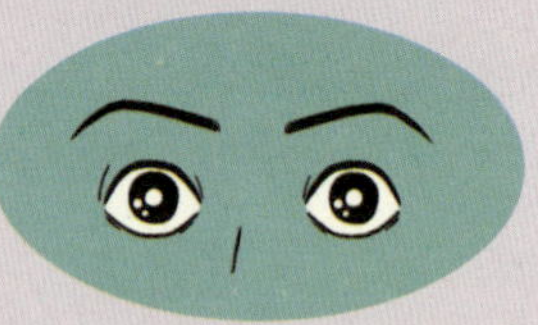

看到不喜欢的东西时，瞳孔会不由自主地缩小。

瞳孔的缩放受交感神经和副交感神经的控制，不受大脑皮层的思维控制。

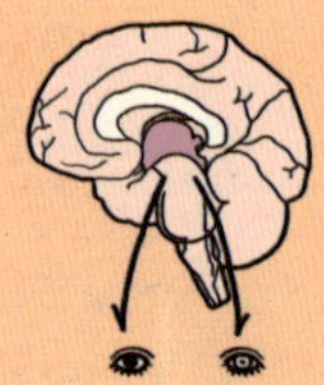

所以，通过观察瞳孔的变化，就能准确地判断对方是希望多看几眼，还是不希望看到。

瞳孔是个很神奇的孔，有明显的“喜恶形于色”的习惯。

因为不受主观思维的控制，所以瞳孔的变化能够映射真实的心理变化。当然，我们亚洲人种以及其他深色虹膜的人种，虹膜的颜色深，不太容易在日常生活中用肉眼确定瞳孔的变化。

B. 视线转移

除了采用阻断策略之外，我们还可能采用避让策略不去看，就是把自己的视线转开，成为视觉转移。比如，美女和丑女同时站在我们面前，我们通常把视线放在美女身上。

解读视觉转移所代表的内心状态，关键在于要把这种微反应与刺激源联系起来解读，而不能简单粗暴地套用“不靠谱标准”。看看下面的例子：

你到底收没收那笔钱？！

在这种情境下出现的视觉转移，可能是因为害怕，但也很可能是因为提问者的方式过于粗暴，从而引发了对方的厌恶，因此在智力较量的时候，采用视觉转移来表达内心的不屑。

在这样的情况下，没有其他明显的刺激源出现（如暴跳如雷、大打出手），而仅仅是提问者较强势，此时的视觉转移，多半是由于恐惧，因为心里的弱点被对方抓住，所以出现视觉转移。

3. 味觉安慰反应说明

眼睛和嘴，是脸上最灵活的两个器官，一个负责收集视觉信息，一个负责收集触觉（嘴唇）和味觉（舌头）信息，而且二者都很灵敏，受到刺激之后的反应也都很值得解读。所以，嘴部的小动作是安慰反应的另一种突出表现。

比如，人在心情不好的时候，会通过大吃一顿来安抚自己受伤的心灵。

人在不舒服的时候，通常会采用模拟拒绝、吞咽的嘴部动作，来缓解自己的不适。

4. 皮肤安慰

除了眼睛和嘴部细微的安慰反应之外，身体上最常见的安慰反应是用手针对不同部位的肌肤进行轻触或者抚摸，以达到缓解不适的目的。抚触皮肤为什么能够起到安慰作用？这个话题，我们必须得从很久很久以前开始说……

由于皮肤和神经系统共同由外胚胎层发育而成，所以皮肤又被称为第二神经系统，异常敏感。对于皮肤给出安慰和抚触，会让人感觉到舒适。

在心里不舒服的时候，也会使用挠头皮、摸脸、摸脖子、揉鼻子、摸胡须、摸嘴唇、摸项链等小动作来安慰自己。

比如下面的情境中，就有一些经典的皮肤安慰反应。

简单总结一下：安慰反应的表现形式可能存在很多种，书中不能一一列出。但是，如果能够理解安慰反应的原理，那么就可以通过安抚其自己的种种小动作，尤其是在应激之后出现的微反应，进行逆向解读——是不是什么事情让他不舒服了？

五、快跑——逃离反应

中文词汇中，只有“逃离”才能比较好地对应英文单词“flight”。逃离这个词看起来好像挺严重，有害怕、逃跑的意思。其实，这个名词只是为了表达“远离”或者“离开”。不仅在害怕的时候会逃离，在讨厌的时候，也会逃离。逃离的动作，不仅仅是望风而逃那样狼狈地跑开，也可以表现为多种多样的距离拉开，有的可能仅仅是头部的轻微后仰，移动距离不超过5厘米。

人的逃离行为仍然可以追溯到动物遇到敌人后的第一生存策略——逃。

逃离和战斗，是动物维系生存的两种基本策略。打得过就打，打不过就跑。当然，对于不喜欢的东西，扭头就走不纠缠，也是一种高效率的优质决策。所以，人类在很多时候，都使用逃离策略。

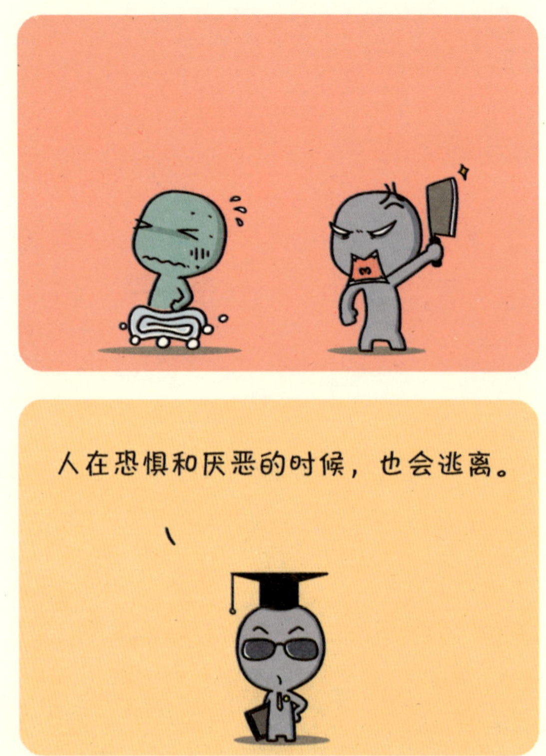

当然，在社会生活中，不会有谁动不动就拿刀动枪地进行人身威胁，更多的行为还是在社会规则下进行。所以，逃离反应也就顺应形势演变成了更隐晦的表现。

我们可以想象一下谍战电视剧中经常出现的一幕……

准备逃跑的动作，包括调整身体的姿态（站姿、坐姿）：腿准备好随时逃跑，手取消不便逃跑的姿势，调节呼吸。

当然，这些动作的变化看起来也很显眼，在有压力的严肃环境中，或者是在钩心斗角的对抗过程中，并不适用。因此，我们还需要格外注意另外一种可能出现的逃离反应——角度的变化（倾斜或扭转）。

在现代社会中生活，受到惊吓的第一反应不是扭头就跑，而是表现为躯干和头部的后仰。当然有可能配合着一只脚向后略退，以保持平衡。

更有甚者，如果是工作场合，话不投机半句多的情况下，躯干后仰也会让自己的态度表达得过于明显，从而伤了彼此间的“感情”。这个时候，躯干的转向也有可能代表着厌恶的心态。

讲这个细节，必须注意，不是所有的扭转都代表逃离，而只能说，内心产生厌恶或恐惧但又不便发作的时候，可能采用这种隐晦的姿态来进行调整。如果需要确定对方是否心生厌恶，一定要结合当时发生的情境（有什么人，在聊什么，聊到哪里发生了这些微小的动作……），才能进行合理的解读和分析。

坐姿的状态下，比较常见的逃离反应是上身后仰到座椅的靠背上。比如，你和朋友坐在一起，促膝谈心，如果聊得不开心，就想离对方远点。

上面的状况经常发生。通过判断坐姿状态下，头和躯干的姿态变化，也能解读出一些微妙的表意。观察到轻微的后仰，甚至明显的后仰，首先要分析一下有没有其他合理的解释，比如惬意的放松，或者是调整姿态来看、听、闻等，如果这些都没有可能，而仅仅是听到对方的某句话，或者看到对方的某种表现，然后出现了这样的微反应，那么其潜在的表意就是“离你远点”了。

逃离反应的原理，来自于生理性排斥，比如排斥恶臭或者丑陋的外观等。但心理原因导致的排斥，其外在表现也呈现出与生理性逃离相似的特点，其中共同的规律是：身体距离与内心距离成正比。当然，这一规律仅在没有思维控制的前提下有效。历史证明，如果一个人想要忍辱负重，再恶心的事情也坚持得住。

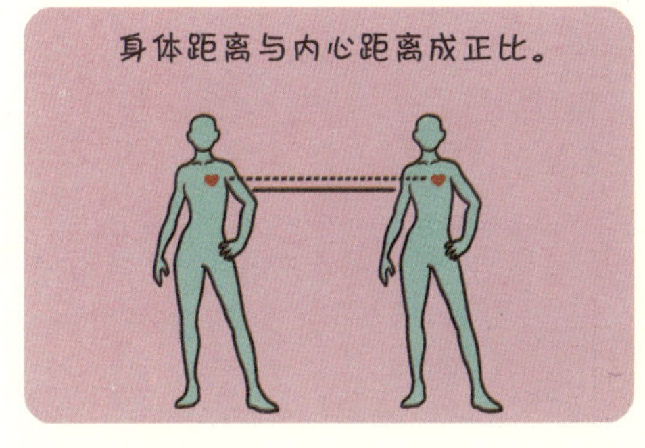

小结一下：面对负面的刺激源，人们如果产生逃离反应，可以逆向解读为厌恶、恐惧两类情绪，按照刺激源的力度和当事人的承受能力，又可以把厌恶细分为：不屑、轻蔑、厌恶、憎恶；把恐惧细分为：吓了一跳、紧张、害怕、恐慌。逃离反应的出现，意味着上述心态变化的出现。

六、长幼尊卑——仰视反应

什么叫仰视反应?

动物和动物之间，往往是身材高大、孔武有力的竞争者会取得对抗的胜利，这一生理对抗的规律也被人类继承下来，一旦发生对抗，双方为了取得优势、增加信心，本能地都会把自己变得魁梧而高大。强烈对峙的时候，抬下巴是不可或缺的姿态之一。

而另一个方面，一旦确定了长幼尊卑，那么弱小卑微的一方则会采用比较低的服帖姿态来对待强势一方。

在原始社会的争斗中，高大往往代表着胜利，所以人们会使用抬高下巴等各种方法，让自己看起来更加高大，从而在斗争中显得更有优势。

比如遵守社会礼节、被批评或者是当事人自己觉得羞愧（羞愧是自我弱势认知的心态之一），都会产生低头、弯腰、把脸埋起来等弱势反应。

仰视反应比较简单，挺拔高昂的身体姿态映射了内心的强势；相反，卑躬屈膝的身体姿态映射了内心的弱势。在特定的情境下，可以通过这些反应来判断对方是否处于强势心态，以判断后续的应对策略。

七、我的地盘听我的——领地反应

部分哺乳动物会通过尿液的气味来圈定自己的领地。人也是动物，所以动物所具备的领地反应，人也同样具有，不过被众多文明的社会规则拘束，表现得隐晦些罢了。

在老板的办公室里，可以明显地分为待客区和主人自己的领地，如果下属或者客人冒冒失失地闯入领地范围，会引起不必要的恐慌和误解。想当年有皇上的时候，那就是大罪过了。因为这种通过礼仪和社会规范树立起来的领地范围是不容侵犯的，侵犯意味着挑衅和威胁。

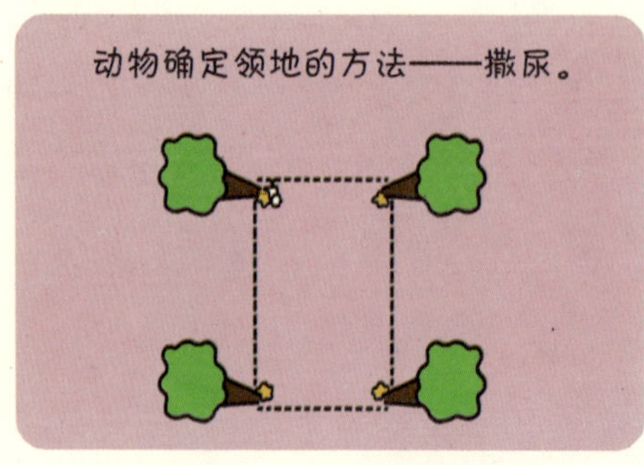

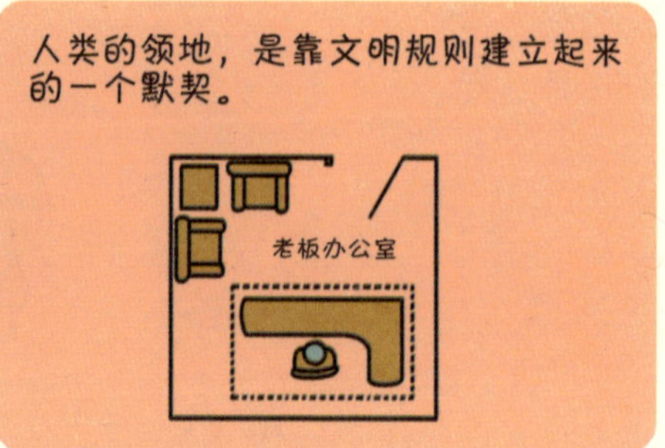

在日常生活中，如果遇到争斗，人们通常会使用肢体来划出自己的领地范围，以保护自己的安全；如果在密闭空间中，通过领地反应（所占据领地和占有欲望的大小）可以粗略判断当事人在此空间中的掌控感和自在感。

当然，不能一看到跨立的动作就确定对方很有掌控感，因为部队纪律的训练习惯有可能让军人或者警察保持这种稳定而雄赳赳的站姿，这并不代表他内心有什么自认为了不起的想法。我们重点观察变化，如果一个人平常就这样，说明这是他的“基线”，突然有件事情让他改变了惯常的姿态，发生了违背习惯的变化，那么这个新姿态就很有意义。比如下页的图。

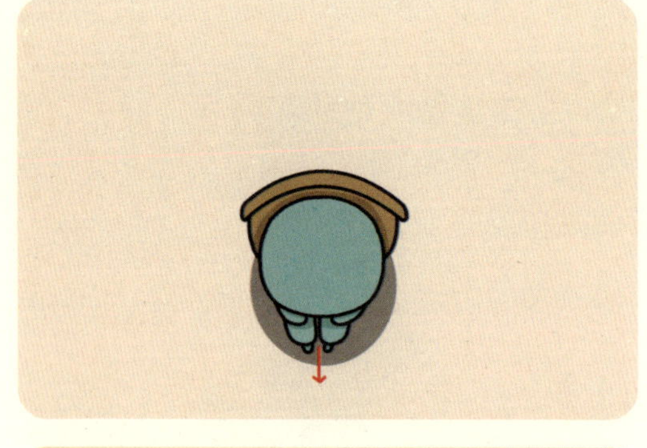

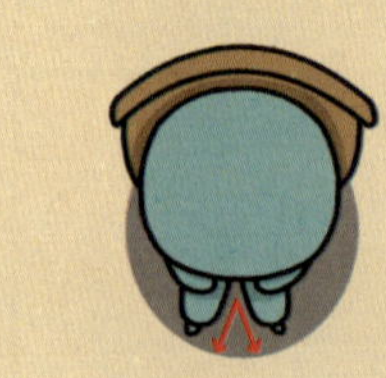

用双腿来下意识地建立和确立自己的领地。

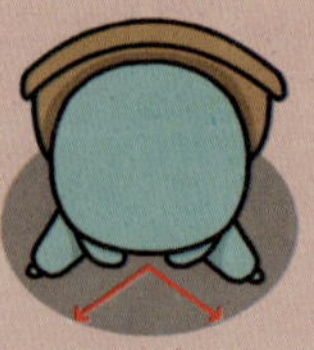

人使用各种各样的扩张身体的姿态来标示自己的领地，一旦这个领地被侵略，会激起人的抵抗和反击。

在有对抗的情境下，也许一开始当事人很紧张，很拘束，所以腿呈并拢姿态（属于冻结反应）；聊着聊着，发现内心的压力消失，可以松弛下来，于是就呈现出自然角度的分腿坐姿；突然发现对方有挑衅意味，有敌对情绪，这个关键时刻要保证自己的利益不受侵害，而且要表现得强势且霸气，所以就用金刀大马的大角度分腿坐姿，意图将双腿夹角中所包含的范围都设定为自己的领地，以便为自我防护和之后可能的进攻寻找合理的出发点。

观察领地反应，是为了确定当事人是否具备掌控感。在自己的领地中，领地主人会比较松弛，具备明显的领地反应，映射了内心充分的掌控感。如果需要标示领地或者扩张领地，则会使用类似表意的动作来表达自己的强势诉求。所以，一旦观察到对方产生了领地反应，可以推测为内心掌控感同步产生，或者是为了表达自己的强势（其实可能处于比较弱势的心态）。

八、我要消灭你——战斗反应

战斗是获取（保护）利益的不二法则。只要有人敢挑衅甚至侵犯自己的利益，不论是动物还是人，都会采用战斗的方式来解决问题。当然，这需要提前评估自己到底行不行。只要觉得行，那就必须战斗。

一旦开战，必将产生胜负。胜者为王，获得利益；败者为寇，会失去既有的利益，甚至生命。

如果被打败，除了丢掉领地里的利益之外，还可能丢掉性命。

不要说人比动物高级多少，在生存和繁衍这种事情上，人就是纯粹的动物。一旦利益受到威胁，开战是本能反应。动物选择使用尖牙利爪战斗，人类的战斗形式则是多种多样，从军队攻防到打群架，从肢体冲突到打笔仗，无所不用其极。说到底，目的只有一个——消灭对方！除了常规理解的肉体消灭外，在人类社会中还有试图驳倒言论、消除名誉、取消资格等各种消灭行为。

除了动手，还有动口。各种形式的对抗，都可以看成是战斗行为的衍生产品。体育比赛之所以诱人，除了技术和美之外，对抗和输赢是人们关心的核心内容。所以，体育比赛可以转移并消化人们对于现实残酷战争的欲望和关注，善莫大焉。

另有一种战斗比文字交锋还隐晦，那就是优势条件的展示和比拼。也许，这种比拼从形式上看起来文明得很，但是其实质还是通过确定高下输赢，以优胜方获得更多优质资源为结局。比如拼富、比美，都是战斗反应的体现。

人一旦产生战斗反应，全身上下会进入亢奋状态，能量充沛、血脉贲张、呼吸急促，这些反应从对峙到动手，都难以克制。即使是在辩论、争论或者吵架时，这些生理反应也很常见，只是表现得没有肉搏时那么明显而已。如果双方矛盾升级，动手是在所难免的。

战斗反应一旦很难以克制，大量的能量冲击身体，通常出现如下的外在表现：

当然在文明社会中，这么明显的打架斗殴是不被允许的。所以很多战斗动作都是在潜移默化地发生和微妙地转变着。比如：手指的指指点点、拍桌子、摔门以及咬牙切齿等等。

防守反应

有进攻就有防守，在互殴的过程中，双方都会防守，尤其是弱势一方，更会用能尽量减少伤害的姿势来面对进攻。

如果用一个球砸你，你通常会做一系列动作：身体蜷缩，双臂抱紧，抬起膝盖，把胸腹面转开。

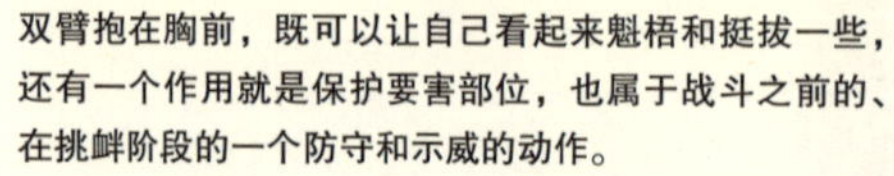

双臂抱在胸前，既可以让自己看起来魁梧和挺拔一些，还有一个作用就是保护要害部位，也属于战斗之前的、在挑衅阶段的一个防守和示威的动作。

这个经典的姿势，其实每一个细节都蕴含着一个有意思的表意。

防守动作的小的变形动作

那些明显的大幅度动作不适用于文明社会的交往规则，所以很多情况下会使用小幅的变形动作来进行自我防护，这些动作无一例外地体现了当事人的弱势心态。

用手挡在眉骨的前面，是人在羞愧的时候常做的动作，实际上是一种防守动作的变形，为了防止对方犀利的目光探求到自己内心的脆弱。

用手捂住耳朵，表示不要听，说明所听所见的信息可能太刺激了，不能接受。

说错话之后，常见的一种动作是用手捂住嘴，这就是犯了错误之后的自我抑制动作，同时也是一种防护姿态（此时不会有进攻姿态）。

双手捂住脸、捂住眼睛的样子，通常在特别绝望、悲伤的时候出现，这种阻挡动作充分地表现了当事人无奈的弱势心态。

这四幅图都属于战斗反应中防守反应的弱势心态的衍生动作。

惭愧的时候，会用手遮住自己的额头和眉骨，试图挡住自己的脸。

不想继续听下去的时候，会用手堵住自己的耳朵，表示拒绝后续的交流。

说错话之后，会立即用手遮住自己的嘴，表示对自己所说的话进行否定。

害怕的时候，会用手遮住自己的眼睛，表示不希望再看到那些情景。

战斗反应的总结

战斗反应的两类动作——进攻动作和防守动作——分别映射了两种心态。进攻（包括变形的进攻）动作代表着愤怒的心情和强势的心态，说明当事人希望消灭当前的刺激源；防守（包括变形的防守）动作代表着弱势的心态，说明当事人希望保护自己的特定利益。

九、输赢不是平常事——胜败反应

打完了，总会分个输赢，胜利后的反应和失败后的反应完全呈两个极端。通过观察胜败反应，可以判断对方在较力之后的自我评估，也就是说，他觉得自己赢了还是输了。

1. 胜利

我们经常在奥运会赛场上看到手举鲜花、挥舞奖牌，欢呼雀跃甚至后空翻的high five（庆祝成功的击掌）庆祝方式，以及其他各种独特而炫目的庆祝方式。都具备同一个特点——显摆，显摆（完全中性词）更高（身形）、更大（音量）、更强（技能）的形象，以期更广泛地宣传自己的胜利，并获得更广泛的认同。

人在获得胜利后，由于期待着胜利所带来的收益增加和生活改善，神经系统的兴奋会调动体内剩余的能量，做出大量的炫耀性动作，一方面消耗体内多余能量，另一方面引起更多人对他胜利的关注和认同。

2. 失败

垂头丧气，仿佛身边的一切都变得萧瑟和冰冷，身体仿佛被掏空，头脑也木成一坨，无法清晰地思考，没有兴趣再关注其他的事情，甚至可能通过吸烟、酗酒来麻醉自己，这些都是失败之后可能产生的反应。而失败的本质，是不可挽回的损失。

人失败后，由于体内能量的流失，神经系统处于抑制状态，因此不会产生过多的动作。一方面是因为此前体内能量已经消耗殆尽，另一方面也是因为负面结果已经发生，不可挽回，所以无心关注其他事情。

十、两颗心的距离——爱恨反应

爱恨反应的本质

估计普通人一看到爱恨反应，马上就会想到爱情和仇恨，继而联想到卿卿我我和咬牙切齿等场景。其实呢，爱恨反应是对人和人之间身体距离变化规律的一种总结。

美国人类学家霍尔博士研究发现，人和人之间的物理距离会代表彼此间的心理距离，这种距离大致可以分为四种：

1. 公众距离（public distance），这个距离是彼此互不熟悉的人之间的距离，比如街头驻足的陌生人之间的距离。霍尔博士定义的距离是3.6~7.5米。不过，在街头的陌生人很有可能和你擦肩而过，并不是因为你在意识中认可他们闯入你的公众距离，只是这种情境你不会在意而已。

2. 社交距离（social distance），这个距离是常规社会活动中，如办公、开会等，比较适宜的距离，霍尔博士定义的距离是1.2~3.5米。

3. 私人距离（personal distance），这个距离是朋友、熟人或亲戚之间往来时常用的距离，霍尔博士定义的距离是45厘米~1.2米之间。

4. 亲密距离（intimate distance），这个距离则是非常近的亲密接触，从没有距离（0厘米）到45厘米。可以允许关系密切、处于自己的这个范围之内的人，包括夫妻或恋人等。

公众距离：在3米以上。

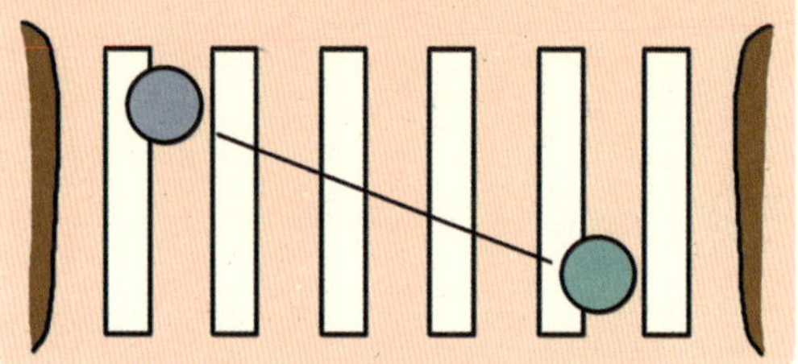

社交距离：1.5米以上。

私人距离：45厘米左右。

亲密距离……

我们来举两个例子，看看为什么把这种身体之间的距离变化称为爱恨反应。当两个人亲密无间的时候，会希望时时陪在对方身边，体会那种共进退的快乐；一旦反目成仇，不畏艰辛跑到异国他乡也要躲开那个令自己厌烦甚至害怕的人，除此之外，仇家追杀、恩断义绝、心灰意冷都有可能造成当事人远远逃避。

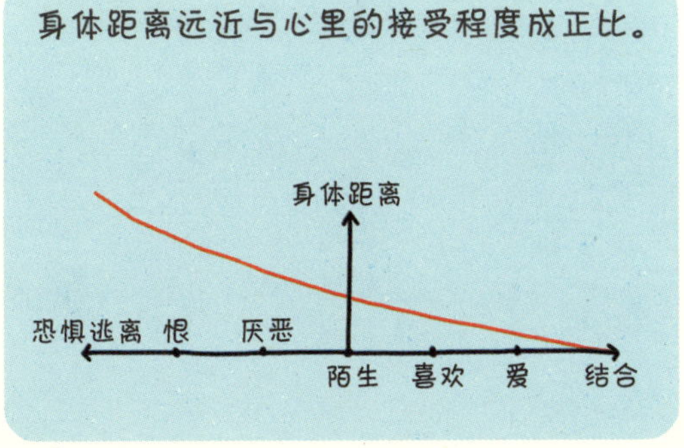

我们把人际心理距离列为横坐标，把因此而产生的身体距离列为纵坐标，就得到了上面这幅爱恨反应坐标图。在应用当中，如果你观察到两个人之间真实的身体距离微反应，就可以参考此图，逆推当事人之间的心理距离。

总结：

在这一章中，我们介绍了人在受到刺激的时候，身体会出现的多种微反应，归纳为八类。通过观察这些身体的反应，可以推测当事人在应对刺激源时的心态和立场。这些不通过语言表达出来的意思，往往比语言更能准确地表达内心的真实态度。在下一章中，我们会更加细致地介绍面部微反应——微表情。

第四章

捕捉微表情

相对于身体的应激微反应而言，脸上的应激微反应，也就是人们常说的“微表情”具备三个特点：

1. 感觉很熟悉，其实更陌生；
2. 变化的速度更快，幅度更小；
3. 受社会影响，干扰因素很多，变化更多。

所以，从身体微反应（Body Micro-Expression，BME）晋级到面部微反应（Face Micro-Expression，FME），会要求大家更加耐心和细心地学哦，这样才能获得更多有价值的知识。

每个人从生下来开始，就会天天看到爸爸妈妈的脸。长大后，又会持续不断地看到身边的同学、老师等人的喜怒哀乐，所以不需要学习就可以很好地解读别人的表情。但是，见得越多，就越觉得复杂。尤其是进入社会之后，各种利益交锋、各种钩心斗角也都会在脸上有所展现，孰真孰假很难判定。被骗之后痛定思痛，很多人会认定脸上的阴晴并不可靠，不但复杂混乱而且亦真亦幻，所以不会再通过语言和表情来判断事实真相。

其实，人的表情可以分成两大类：一类是比较原始的情绪性表情，另一类是比较“先进”的社交性表情。

情绪性表情是人的动物性表现，在感到喜怒哀乐的时候不由自主出现在脸上的真实表情。不管如何进化，人类毕竟还是一种蛋白质生物，脸上每块肌肉的位置、功能和收缩运动所引起的形态改变，都具备特定的生理意义，这些变化不因个人的意志而改变。美国学者Paul Ekman通过自己的研究已经证明，人类七大类情绪的面部表情是相同的，与地域、种族、年龄、性别、教育程度和社会文明程度等外界因素无关。因为人的生物特性是进化的结果，而非意识影响的结果。

社交性表情是人后天在社会中学习到的本领。人虽然是动物，但也是社会生存的物种，人和人之间的分工协作已经变得非常复杂和高级，所以每个人必须学会与他人交流的技巧。除了语言、文化和专业技能外，人还会在自己的生长环境中潜移默化地学到另外一种本领——表情。用什么样的表情来配合语言表述会更具影响力，用什么样的表情来适应当前的社会规则、礼仪并取得公众认同，每一个人从很小的时候就开始模仿、学习和运用这个本领。比如，我们都在小时候被家长要求学会说“叔叔好”“再见”“我们一起玩好不好”“没事，我不疼，我不怕”……不论此时内心深处的感受是什么。

所以，很多人在听说可以根据表情来辨识真伪的时候，第一反应都是：“不可能，表情多复杂啊！”可能还有一句潜台词大家都不好意思说：“不可能，表情最容易装了！”

通过本章的学习，我们需要了解的就是两件事。第一件重要的事情：学习并理解人类表情的“动物性”，也就是每一种表情的外在形态特征及其生理意义。根据生理反应和进化论的原理，每个人在产生情绪后，都可能流露出具有相同规律的表情。第二件重要的事情：如何辨别社交活动中的控制（伪装）表情。要想让对方产生情绪，有效刺激是重要的前提。

最后，我要强调，“微表情”之所以称为“微”表情，是本能意识和社交意识这两种意识的抗争结果。情绪产生属于本能意识，在遇到有效刺激的时候，会生气、会大笑、会失声痛哭，人脸天生会准备做出或者做出相应的表情；但限于社交过程中的文明准则，轻易不能气、不能笑、不能哭，人会根据准则作出有利于自己的决策，抑制甚至改变自己的表情，戴上“面具”。因为我们通常看到的表情受到了抑制或改变，所以真实情绪的表情通常幅度很小、时间很短，表情形态也不完整，因此称之为“微”表情。而正是这些基于真实情绪的微表情，才具备解读当事人真实心态的价值。

微反应体系将人类的情绪按照情绪与刺激源力度之间的相关性，归纳为六大类：惊讶、厌恶、愤怒、恐惧、悲伤和愉悦。

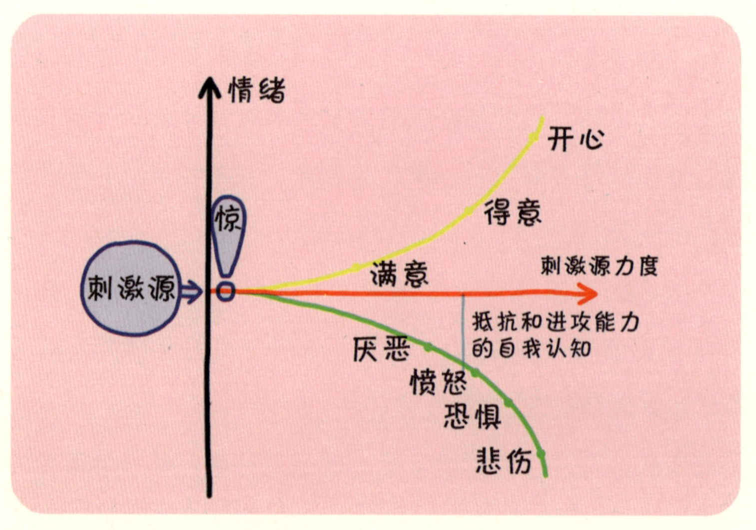

我们首先来看看每一种表情的生理意义。

一、人脸上出现的动物表情

人也是进化而成的一种生物，除了使用语言、使用工具和构建社会体系这些“大脑功能”比动物复杂之外，生理方面并不具备明显的优势。人在产生情绪之后出现的天然表情，我们也可以在很多动物的脸上看到。

惊讶的时候会扬眉、睁大眼睛并张开嘴快速吸气。

厌恶的时候会皱眉，眯起眼睛，把嘴巴撅起来、抿紧。

愤怒的时候会立起眉毛、瞪大眼睛，伴随着怒吼。

恐惧的时候，眉毛一边皱着一边扭曲，双眼瞬时睁大，并需要深吸一口气。

悲伤的时候，眉毛降低扭曲，眼睛一边眯起一边流眼泪，嘴角向下撇。

愉悦的时候，脸上饱满的笑容会把眼睛挤成一条线，嘴咧开哈哈大笑。

除了皮肤之外，人的面部集中了几乎全部感觉器官——眼睛、鼻子、耳朵、嘴。它们的生理意义就是分别负责看东西、闻气味、听声音、品味道、吃食物，当然，鼻子和嘴巴还共同负责呼吸。

每一个表情都是由这些器官的不同形态组合而成。那么，为什么在惊讶的时候会睁大眼睛？为什么在厌恶的时候会皱紧眉头？为什么笑的时候会咧开嘴？这些形态变化，都跟面部器官的生理作用息息相关。

我们来选择几个有特点的面部局部特写，来说明表情形态如何用来表达社会规则、礼貌、交往意图等，以及每一个表情形态的动作中原始的生理意义是什么。

扬眉、眼睛睁大、整个虹膜露出。说明扬眉可以间接拉动眼睑上提，让眼睛接受光线的面积增大，看到更多的内容。

眼睑的提升可以增加眼睛的受光面积，而闭合自然就是减少受光面积，减少视觉信息的接收，表示不愿意看（通常会眯眼）。

露出上齿，尤其是犬齿，是动物尤其是食肉动物，亮出攻击武器的最常见手法，意在威慑和挑衅，这是战斗的准备阶段、示威阶段。这个动作说明当事人对刺激源持否定态度，可能是不认同、厌恶、愤怒。反正就是不喜欢、很讨厌，甚至想要消灭它。

开怀大笑的张嘴与失声痛哭的张嘴，具有同样的两个作用，一个是帮助快速地舒缓能量释放，还有一个就是辅助气息的痉挛式呼出和呼入。

由此可见，看似非常社会化的表情，其实都是由脸上的肌肉运动引发器官形态改变而形成的。因此，每一种表情或多或少都会具备原始的生理意义。虽然社会的进步使得人类的表情越来越复杂，越来越专注于有目的地表达自己的意图，但万变不离其宗，只要能够让对方产生情绪波动，由此引发的表情还是能够忠实地表达其内心的状态，也就具备了解读价值。

在后面，我们会细致地讨论每一种情绪主导的表情具备什么形态特征，并找到这种情绪的本质，为发出有效刺激提供逻辑指导。

二、呀！我当时就惊了——惊讶类微表情

1. 惊讶的原理和微表情形态

惊讶是在接收到意外信息的时候产生的情绪。一旦刺激信息突如其来，人的第一反应和动物一样，会短暂地停下所有手头的工作（身体冻结反应），全力捕捉和判断信息是否对自己有害，是否需要采取相关行动。

惊讶的情绪会迅速消失，因为这个判断的过程必须尽快结束，否则会给自己造成损伤。惊讶的表情会根据不同的情境保留不同的时间。惊喜的表情可以在脸上驻留长达几秒，而对抗的双方则会尽量压制自己的惊讶表现，以防被对方鄙视。

不过无论是什么样的惊讶，都有共同的特征。

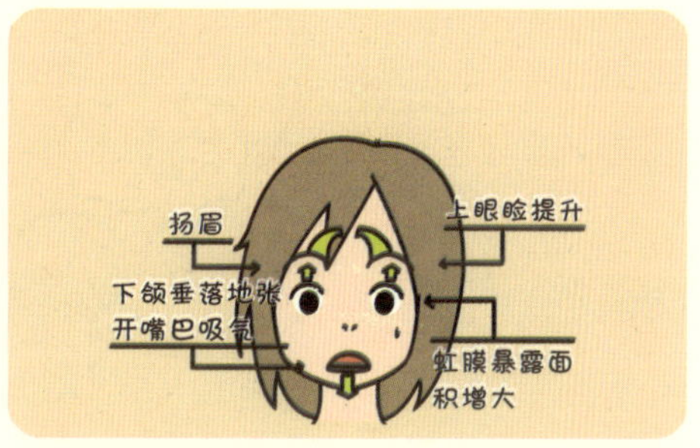

在现实生活中，除非是轻松自在的状态，不然嘴张开吸气的样子会显得很傻。所以，通常的社交情境中（比如工作谈话），如果真的惊讶了，也不会那么没出息地张大嘴，但眼睛和眉毛还是会有微小的形态变化。

如果身处对抗情境中，比如谈判、审讯或者严肃的会议，仔细观察对方的眼睛可以辅助判断对方是否被惊到了。

2. 惊讶微表情的应用

一对卿卿我我的小情侣正在互诉衷肠，突然，女孩一脸严肃地说："我明天要出国了。"

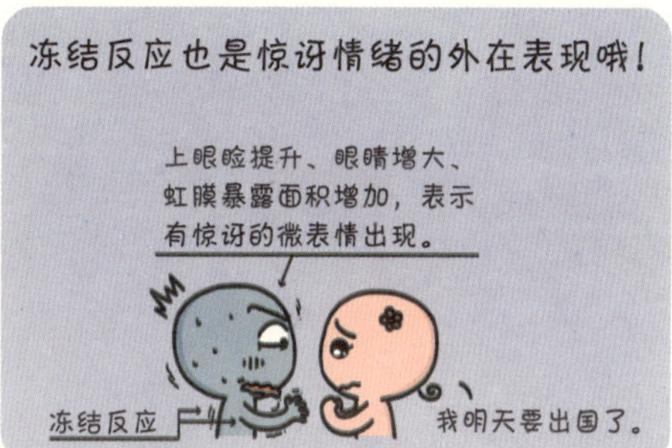

小提示：

冻结反应也是惊讶情绪的外在表现哦！

同样是令人意外的消息，引发了两个人的惊讶。同是惊讶，却因感受不同，掺杂了其他不同的情绪。

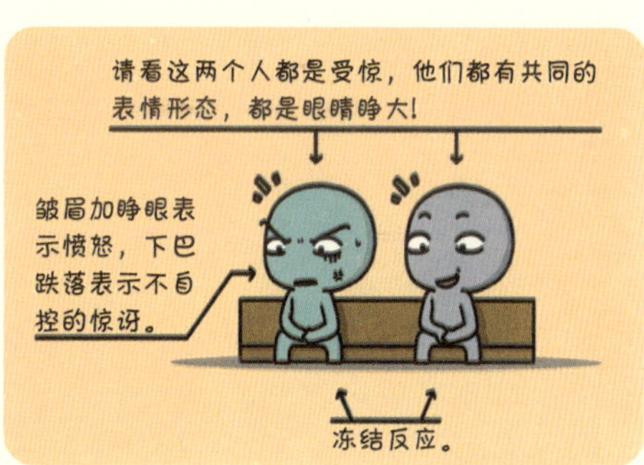

惊讶的表情，除了能够说明刺激源出乎当事人意料，还有一个重要的解读意义：当事人对刺激源信息是关心的。如果不关心，即使意外发生也不会引起关注。

惊讶的微表情形态特征是上眼睑提升，暴露出来的虹膜面积要大于基线状态下的虹膜面积。另外，别忘了还配合有身体冻结反应哟！

总结：

如果从当事人的脸上看到了惊讶的表情形态，哪怕只有虹膜暴露的面积增大，也可以说明你所使用的刺激源是有效的，至少引起了对方的注意（他本就关心），而且是他没有想到的。意外的刺激如果引起了对方的关注，通往真相的大门就已经开了一道缝。

三、呸！好恶心——厌恶类微表情

1. 厌恶的原理和微表情形态

厌恶来自于不足以产生威胁的负面刺激。

不论是不喜欢、不认同，还是排斥或者轻蔑，引发这些感受或行为的刺激源统一具备两个特征：一是已经被评估为负面刺激，也就是对于当事人而言，没有好处；二是虽然是负面刺激，但还不够强大，一旦强大到能够造成当事人的损失，比如身体受伤、金钱损失、名誉被毁等等，当事人就不再仅持厌恶态度，而是迅速升级为愤怒。

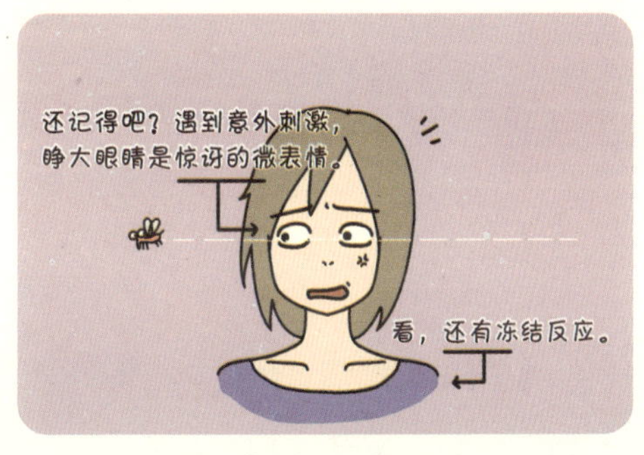

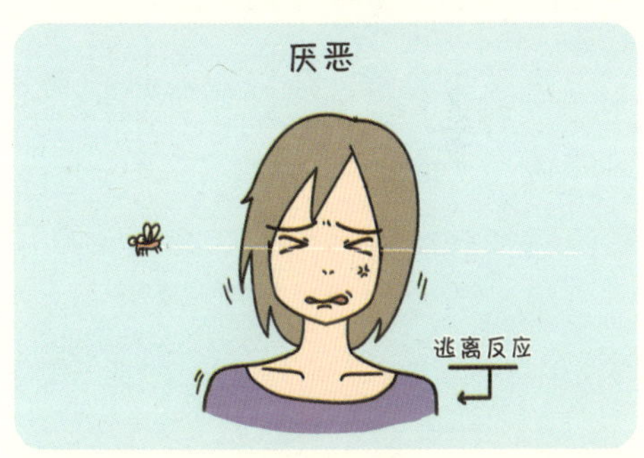

丑陋的外表、扑鼻的恶臭、腐烂的食物等是比较原始的厌恶类情绪刺激源。因此作为动物的人类会使用自己的眼睛、鼻子和嘴巴来拒绝这些刺激，还会用手堵住耳朵、捂住口鼻来建立屏障，阻挡刺激源。对于表情而言，厌恶的面部动作就是：不看、不闻、不吃。

2. 厌恶类微表情的应用

小气的男生，尤其是秋后算账、斤斤计较的男生，是很让女生讨厌的。

女生此刻的主观感受，大概和吃了什么恶心的东西一样，想吐，想躲，充分露出厌恶的表情。要是赶上暴脾气的，还可能一生气（愤怒情绪）就动手打人了。

讨厌和轻蔑之所以能够归结为同一类情绪，是因为它们都是当事人对刺激源**自上而下的否定。**

在招聘的过程中，浮夸自大是招人讨厌的典型行为。

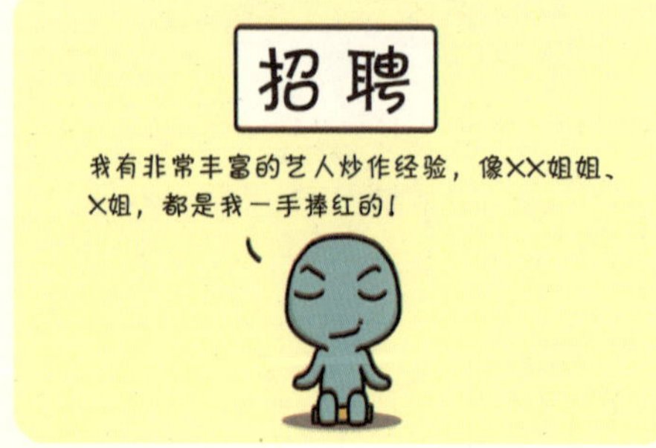

在文明的人类社会中，如果某些人的人格和道德比较低下（比如善于谄媚和欺骗），或者轻视他人智商，也会引起广泛的反感。

当遇到看不起（低级评价）并且不认同的刺激源的时候，会有不屑、冷笑等厌恶表现。

总结：

当对刺激源持不认同且较低评价的时候，产生的情绪就是厌恶，厌恶可以延伸成为轻蔑、不屑、冷笑等各种变化的表情，同时配合身体的逃离反应。

使用低于对方预期的负面刺激，可以引起厌恶类情绪。观察到厌恶类的微表情出现，可以帮助判断当事人的自我认知和心态。因为当事人内心的预期比刺激源高并且不认同，才会出现这种“自上而下的否定”——厌恶。

四、我怒了——愤怒类微表情

1. 愤怒的原理和微表情形态

很多情况都会引发人的愤怒，比如在街头遭到陌生人的肢体挑衅、自己宠爱的孩子被欺负、工资无端被扣、被人胡搅蛮缠干扰了正常生活、名誉被荒谬地玷污等等。乍一看，好像引发愤怒情绪的刺激源种类纷繁复杂，但仔细分析一下还是能找到共同规律的：一是负面刺激，也就是不利于当事人的刺激；二是刺激的力度比较大，让当事人感到危险——所关心的事物可能受到损害。

如果刺激力度不够大，当事人经过评估认为不大可能造成损害，那么内心变化的过程是这样的：排斥→建立屏障→不屑一顾→没有攻击欲望→产生厌恶情绪。如果刺激力度太大，当事人评估认为这个对手具有压倒性优势，随即失去防守或者反击的信心，情绪就会转变为恐惧。

比如，比自己弱的人进行挑衅，通常不会引起当事人的攻击欲望，而是对之表示不屑或者讨厌。

因为当事人的身材还算匀称，有一些小肌肉，但不是很发达，挑衅的对方是一个瘦小枯干的小混混，一看就是没什么本事的二货。所以当事人没有感受到威胁，但是好心情被破坏，很不高兴，这是厌恶。

但是，如果挑衅者除了做出挑衅的动作之外，还表达了其他威胁性的信息，或者侵犯了当事人利益的话，那么当事人则会心生愤怒，准备要动手了。

愤怒的微表情形态特征：

1. 眉头紧皱、下压，眉峰明显高于眉头。

2. 眼睑努力提升，眼睛瞪大，视线稳定地盯着刺激源看。但眼睑的皮肤因为被眉毛压制，眼睑边缘线不是连贯而流畅的弧，而呈现折线形。

3. 上唇提升，下唇下拉，试图露出牙齿，呈咬牙切齿状。这是把牙齿当作攻击武器进行威慑的动物作为。

在社会生活中，咬牙切齿是恨意十足的充分表现，在通常的愤怒类微表情中不会出现。如果你看到皱眉+瞪眼，就已经可以确定是愤怒的情绪出现了。

2. 愤怒的几个例子

堵车的时候，再善良的人也会忍不住骂人。仅仅是因为慢吗？因为堵车可能造成误事。

还有半个小时要开会，希望不会堵车！

该加速不加速，会不会开车啊？！

家长哄孩子睡觉时是充满柔情和爱意的。不过，如果小朋友不肯睡可能耽误了爸爸、妈妈接下来要做的事情，那么脾气再好的爸爸、妈妈也可能脸上变色。

有身份的人平常总是举止得体、温文尔雅。但再有涵养的人，一旦遭受了（他自己非常关心的）负面刺激，也会勃然大怒。正所谓：“老虎不发威，你当我是Hello Kitty呀！”每一只Hello Kitty的内心，都藏着一只老虎，只看其是否感受到了威胁。

教授，请问你是不是在刚才的讲座过程中，使用了一些想象的观点，没有什么事实依据？

产生愤怒

我搞了这么多年的研究，你敢质疑我？！

XX专家讲座

竞争对手之间暗战频频，即使是心怀坦荡之人在感受到生死存亡的威胁时，也必然会心生愤怒，因为竞争必然有胜败，失败一方最终难免遭受各类损失。

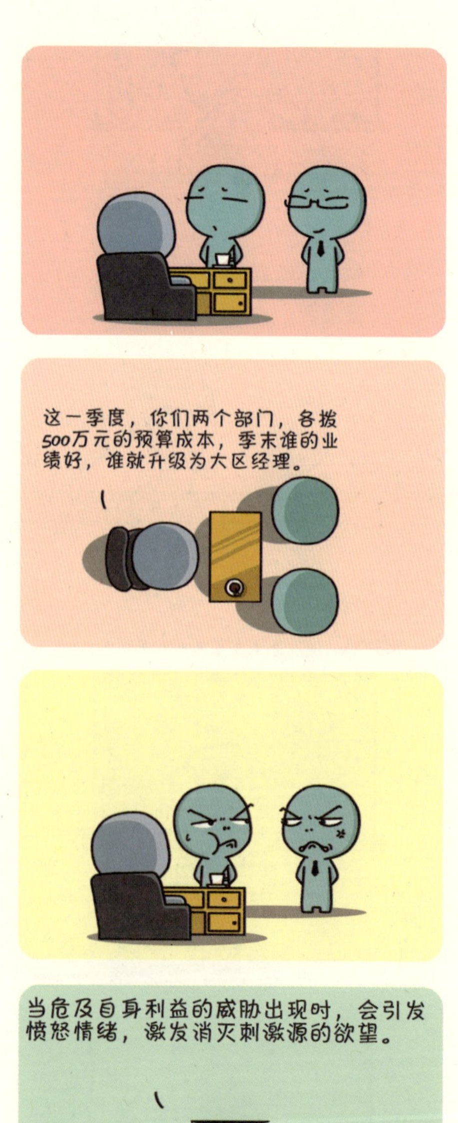

总结：

愤怒是比较难以伪装的情绪，一旦出现很难掩饰。如果当事人出现了真实的愤怒反应，则说明刺激源对他形成了有效的威胁，让他感受到了自己的利益即将受损。这样的刺激源是非常棒的，可以作为重点线索在后续行动中有针对性地进行突破。

五、怕！——恐惧类微表情

1. 恐惧的原理和微表情形态

恐惧源自于比较强烈的自我弱势评估。在面对负面刺激的时候，几乎没有信心进行抗争或者摆脱不利局面，总觉得悲惨的结果势必发生。这时候，心里的感受就是恐惧。

两强相争，怒意使然。但如果是小家伙面对大家伙的威慑，没有争斗的勇气，这时不是采取逃跑的策略，就是吓得动弹不得。

所以，人在遇到比自己强大的对手时，也会不由自主地心生恐惧。当然，赤裸裸的武力威胁在文明社会中已经比较少见了，但性质相同的其他强势威胁，也会让人害怕。

下面图中就是完整的充分的饱满的恐惧表情：

我们对经典的恐惧表情进行一下拆解：

1. 双眉向中间皱紧，形成纵向皱纹；
2. 两侧眉头向上提升，在额前形成倒U形皱纹；
3. 试图提升上眼睑，但因为眼轮匝肌和皱眉肌的反向运动受到抑制，在上眼睑的皮肤上形成对角线褶皱；
4. 上唇提升，露出上齿；
5. 嘴角向两侧拉开，嘴的水平宽度比正常状态大；
6. 下唇向下拉低，露出部分下齿。

在社会生活中，人们不太会流露出那么饱满的恐惧表情，而是把更多隐藏的情绪通过眉毛和眼睛表达出来。

不需要嘴的参与，只要保留眉头上扬的同时，眉毛皱紧，眼睛努力睁大，但眼睑皮肤被眉头牵引而形成“三角眼”，就可以观察到恐惧类情绪的存在了。

放大看就是这样的。

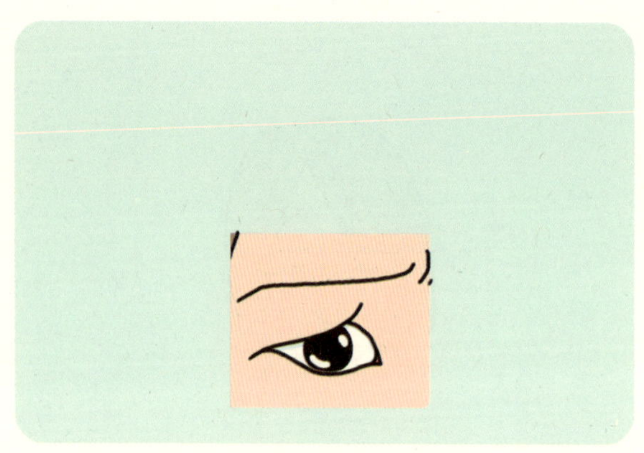

很多惊悚片或者恐怖片的海报，就单单使用一只眼睛，来表示剧情有多恐怖。而这种简单的海报设计，却能最大限度地让观众体会到毛骨悚然的感觉。

除了上述表情特征之外，人在恐惧的时候，还会自然地表现在身体姿态和动作的变化上。

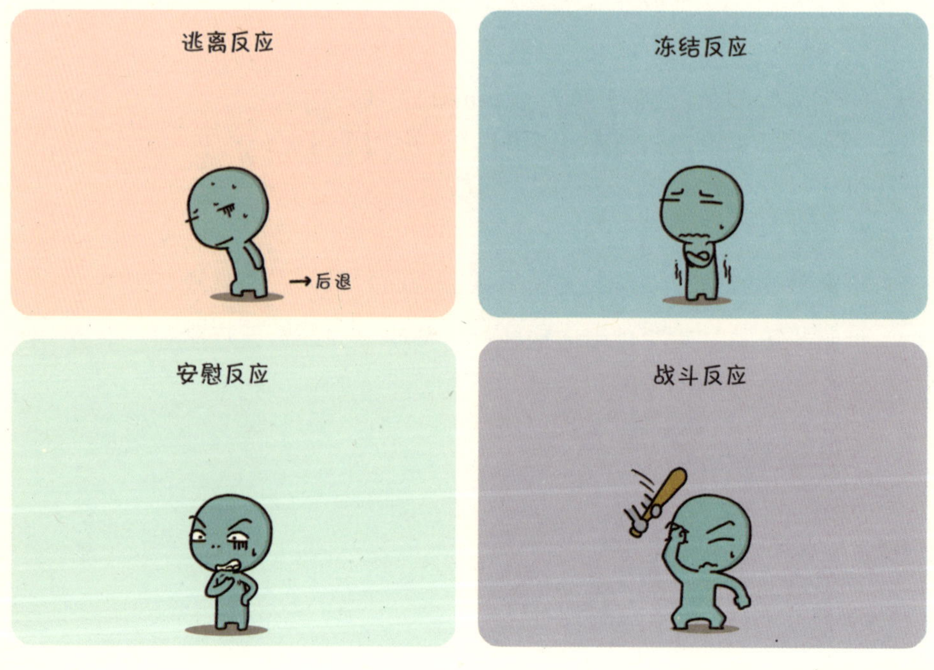

2. 恐惧类微表情的应用

当感受到事情已经朝着不利于自己的方向发展不可挽回时，就会不由自主地流露出恐惧的反应。不过，这个时候，负面结果还没有发生，或者当事人还没有确定这个结果是否会发生。

而一旦当事人确定结果确实无法挽回了（这个过程可能很长，很纠结），情绪也就从恐惧（怕它发生）转变为悲伤。

再看一个案例。

一个坐立不安的学生，正在忧心忡忡地等待着自己的成绩。之前，他觉得自己考得不怎么样，很有可能这次要挂了。日常生活中的担忧、不安等状态，也属于恐惧类情绪。

总结：

恐惧的核心要素有三：一是刺激源里的信息可能直接关系到利害得失，甚至生死存亡，因此当事人非常关心；二是刺激源让当事人感受到超出其承受能力的负面压力；三是负面结果还没有发生。所以，恐惧的微表情形态出现，意味着真相已经非常接近了。

六、不哭，不哭——悲伤类微表情

1. 悲伤的原理和微表情形态

悲伤类情绪的刺激源比较明显，就是强大的负面刺激源造成的失败结果已经形成，而当事人又完全没有能力改变或者挽回这个结果，所以不得不接受这个不愿意面对的局面。人会悲伤，意味着一定存在某种不可挽回的损失。

还记得前面担心自己成绩的那个学生吗？在没有拿到成绩的时候，忧心忡忡（恐惧类情绪），那么成绩一公布，确实是没及格，可想而知小同学会变成什么样子。

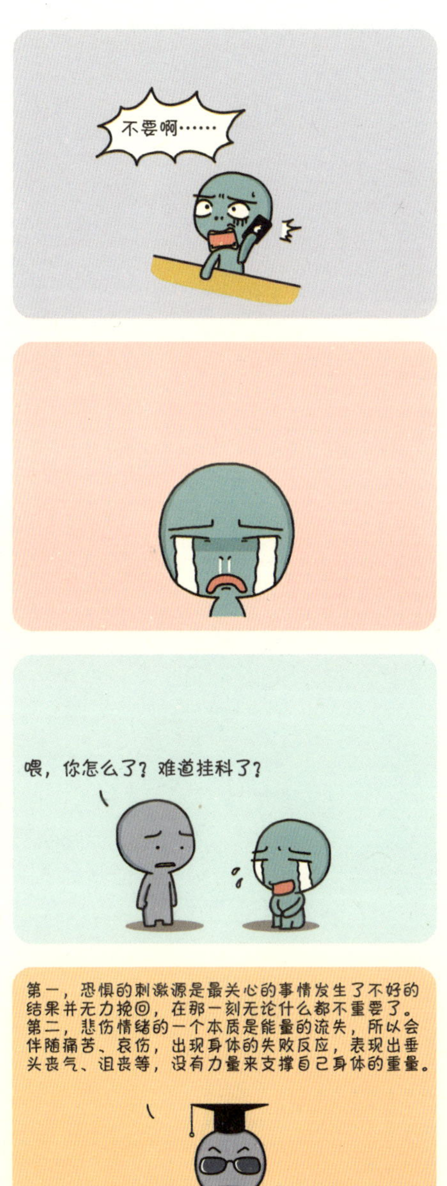

小孩子会因为很多事情而哭泣。不论是因为受到了伤害（摔倒了），还是觉得没有其他办法了（比如妈妈不允许吃糖），小孩会用哭来作为尝试解决的办法。随着慢慢长大，解决问题的方法越来越多，能让人哭的事情也就慢慢集中在那么几类。真哭起来的时候，成人的表情形态和婴儿的表情形态，几乎没有任何不同。

如果把这张悲伤的面孔拆解来看，可以注意到下面的一些形态特征：

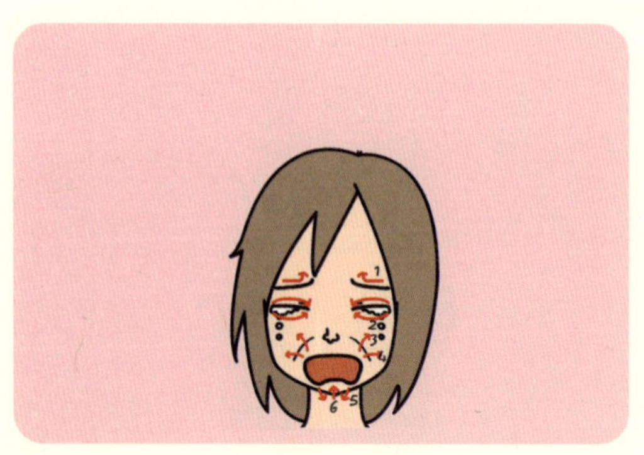

1. 眉毛皱紧，眉头向上蹙起，整条眉毛看起来有点扭曲，呈钟表指针的“8:20”状。特别注意，这个眉毛的形态和恐惧中的眉毛形态是一样的。因为恐惧和悲伤之间仅仅隔着一张“窗户纸”——那个关心的事情是否发生了负面结果。所以两种表情之间具备相通的地方，甚至可以把恐惧理解为“预支的悲伤”。

2. 与恐惧表情不同的是，悲伤的时候眼睛是闭合的，或者是眯着的。

悲伤：皱眉、扬眉头、闭眼
恐惧：皱眉、扬眉头、睁眼

嘴的形态是为了配合痉挛式呼吸而张开的。嘴角向两侧水平方向拉开，上嘴唇提升、下嘴唇拉紧，形成上宽下窄的梯形。不过，颏肌的收缩，会把下嘴唇的中间部分向上拱起，所以下牙的中间部分露出来的比两边少。

2. 悲伤类微表情的应用

如果在交流过程中观察到对方当事人出现了悲伤类的情绪表现，包括脸上微表情形态特征，以及身体方面的胜败反应（失败之后的垂头丧气和萎靡不振），可以按照分析逻辑逆推出当事人所关心的事情已经发生了，且无力挽回。

七、今天我高兴——愉悦的微表情

1. 愉悦的原理和微表情形态

人活着也够辛苦的。主干情绪种类中，只有一种是积极的，那就是愉悦。不过这也难怪，人类虽然发明了复杂的文明，自己创造各种乐趣，但每天还是要面对各种问题，需要集中精力去应对各种负面刺激，才能保证自己的生存和繁衍。而这两项，正是所有生物毕生的追求。

只有在自己的心理预期得到满足甚至被正向超越的时候，才会产生积极情绪。在漫长的生存过程中，人们已经学会了降低自己的预期，以适应遍布荆棘的现实。当刺激源能够等同于预期时，人们会满意；当刺激源能够高于预期时，人们会得意；当刺激源给予当事人明显的收益时，人们就会产生愉悦情绪，然后通过笑容表达出来。

特别讨论：为什么看戏剧作品会让人愉悦？

两三岁的小孩和爸爸妈妈一起看电视。电视里面正在说相声，逗哏的调侃捧哏的说：“他的生活可讲究了，每天早晨起来啊，洗脸、刷牙、洗脚……”宝贝看到爸爸妈妈都在笑，感到很好奇。

小朋友不明白地问：“为什么要笑啊？”

另有一种幽默作品，使用的则是能让人感受到积极增益（如表扬、肯定等）的刺激源，同样会产生愉悦的笑容。

同样一个刺激源，如果让人感受到的是积极的（表扬、获得肯定等），那么就会引发愉悦的笑容；但是这个刺激源也可能会引起另外一群人的不满。

笑的时候，脸上的肌肉运动以眼睛和嘴为核心，形成了一套完整的表情形态。在脸的上部，以眼轮匝肌的收缩为核心动作，造成眼睛闭合，如果笑容的幅度较小则是眯起，同时造成眼睑皮肤的褶皱，也就是常说的鱼尾纹；在脸的下部，以颧大肌的收缩为核心动作，把嘴角向耳侧拉伸，所以造成了咧开嘴笑的弯弯弧线，如果笑容的幅度较小则是嘴

咧开得小一些，在这个过程中，降口角肌、颏肌等“负面”嘴部肌肉则不参与运动。

1. 眉毛保持松弛时的自然拱形，前额平滑；

2. 双眼紧闭，下眼睑凸起、提升，下方会出现笑容专有的沟纹；

3. 饱满的笑容动作，会在眼内侧角形成皱纹，在眼角外侧产生鱼尾纹，渐隐；

4. 嘴角向上，向两侧提升；同时造成脸颊隆起，提升到最高位置，呈最圆状态；

5. 上唇提升后，露出大部分上齿；下颌打开，下唇拉长，皮肤表面变平滑，露出少量下齿（相对于上唇而言）；

6. 下巴展开，皮肤平滑，自嘴角到下巴颏，形成笑容特有的沟纹，与鼻唇沟一气贯通。

2. 如何辨别真笑和假笑

按照微反应研究的规则，真笑只有一种情况，那就是在产生了愉悦情绪后，由情绪自然激发的笑容，就是真笑。这样的笑容无论肌肉运动的幅度有多大，总会有一个共同的特点，即眼睛和嘴是等幅联动的。等幅联动不仅仅要求眼睛和嘴都参与笑容，而且要求形态改变的时间同步、幅度相同。眼睛眯得越小，嘴咧得越大，眼睛基本没变化，嘴也几乎没动作，只有这样的笑容才是天然的笑容。

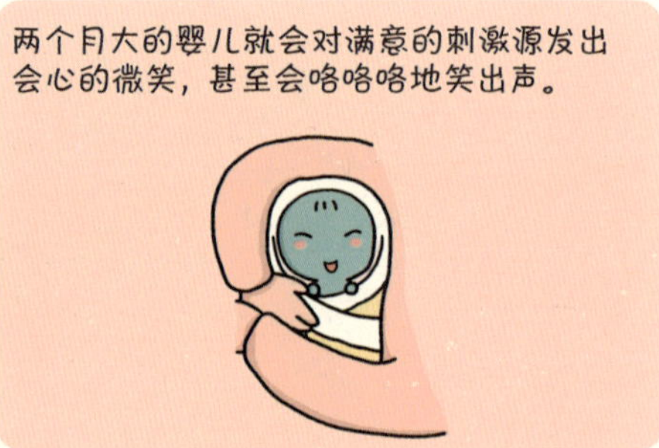

假笑则是由理智驱使形成的。假笑是为了适应社会规则，刻意表达自己的友善或者诚意，在没有情绪（或者情绪不饱满）的时候，强行用理智调动肌肉运动，按照自己对笑容的经验和记忆，现场进行模仿的行为。所以，实现等幅联动的完美笑容比较困难，尤其是在心里掺杂其他情绪的时候。当然，我们要强调一下，这里所说的“假笑”是学术意义上的，而不必然代表坏的、虚伪的、丑恶的等负面性质。假笑仅仅是出于礼貌的中性表现。

比如，在很多公务场合，社交微笑就不是代表虚伪的笑，而是为了诚恳表达交流意愿。

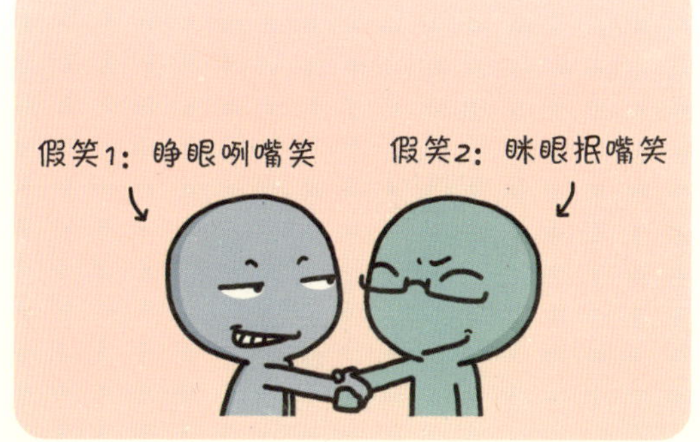

“睁着眼睛咧着嘴的笑”通常称作“皮笑肉不笑”。因为眼睛的形态没有符合笑容的标准形态，眼睑没有向上的拱起、弯曲，眼睑没有闭合，眼角也没有鱼尾纹……眼神可能很平淡，甚至充满敌意，但嘴巴却可以摆出笑的样子。

“眯着眼抿着嘴的笑”，眼睛的形态幅度和嘴巴的形态幅度不匹配，眯着眼睛应当配合咧嘴的大笑，而如果是抿着嘴，眼睛也应该仅仅是略有闭合，嘴巴应该是轻轻抿着，而不是抿得紧紧的。

总结：

使用符合对方当事人预期，甚至超出当事人预期的积极刺激，可以让对方产生愉悦情绪。在很多情况下，这种方式是建立信任和拉近距离的最佳方法。另外，如果成功地从当事人脸上看到愉悦类的表情，也可以确定当事人的心理预期到底是什么（想要什么），以及期望值的大小（到什么程度）。

良好的开端能够使后续事情发展顺利，希望大家互敬互爱，少些矛盾，同时又能提防那些笑里藏刀的坏人，免得自己上当受骗。

第五章

生活中的微反应

我们在前面的章节中研究了六种情绪的微表情，又把人的身体应激反应归纳为八类介绍。在本章中，我们对前面学习过的知识进行一次大梳理，主要的目的是希望各位牢记并能够使用微反应的刺激机制。所以，我们会列举一些生活中可能发生的情节来说明一个重要的准则：所有的微反应分析及情绪产生，都应该具备特定的情境、人物和刺激源三个条件，这样捕捉到的微反应才具备解读意义。如果仅仅根据某一个细微的反应来套用定义分析，会犯错误，最终受害的还是自己。

我们看下面的一些例子，帮助大家理解刺激源类型、情绪的表意以及表现出来的微反应。

一、微表情和微反应的总结

1. 惊讶的综合反应

惊讶是一种进化所得的信息处理机制，在遭受意外刺激的时候，神经系统会用非常短的时间来判断刺激源的性质。由于这一瞬间需要处理的信息量非常大，所以会导致身体的动作暂时停止，同时用眼睛、耳朵等器官加强对刺激源的关注。外在的表现为身体的冻结反应和面部的惊讶表情。

比如，员工走进无人的办公室后，偶然发现了“年终奖金分配表”，斗争良久还是没能忍住，于是开始偷偷翻看。就在这时，电话铃突然响了……

身体冻结

意外的刺激源是电话铃声。当事人正在全神贯注地干着一件“亏心事”，因为按照规定，自己是不应该进入这间空办公室的，偷看没有权限的文件更是不应该。当事人此时此刻关心的是两件事：一是看看那个充满诱惑力的分配表；二是千万别被人发现。

所以，当电话铃响起的时候，意外刺激充分而有效，这与门外响起的脚步声、开门的声音，或者身后突然响起老板的声音“你在干什么？！”等情况性质相同，都足以让当事人瞬间冻结，同时分析自己是不是被发现了。

惊讶的表情

惊讶的微反应除了可以解读出刺激源的“意外”属性外，还具备一个重要的解读意义——关心，还可以更贴切地表述为“在乎”。同样的一个意外的刺激，不同的人会有不同的评估。如果在乎，会表现为惊讶；如果不在乎，则不会有明显反应。

比如，一群人聊天的时候，某个家伙爆出一个猛料……

这就是典型的惊讶反应，不但有明显的惊讶表情（扬眉+提睑+下巴垂落），还有明显的身体冻结反应。这种“惊讶”说明了当事人内心的评估过程，也就是他并不确定这个问题的真伪，将信将疑。同时，也说明惊讶的刺激源是中性的，惊讶的情绪也就是中性的，不具备积极还是消极意义。一旦当事人评估清楚，也就相应转入负面情绪序列（厌恶、愤怒、恐惧、悲伤），或者转入积极情绪序列（满意、得意、愉悦）。

这就是不关心的反应。这种长寿“奇迹”对他来说，不具备刺激性，因为当事人完全不会考虑这种问题“有没有可能”，就如同不相信“地球是方的”一样。遇到这个刺激源，在短暂的意外之后直接转入负面评估，产生厌恶（更准确地说是轻蔑）情绪。

如果当事人本就相信这种“神迹”，一旦听说这样的信息，就会立刻给出表示认同的积极评估，进而产生积极情绪。注意，这个时候的表现，可不是悲伤，而是大大的认同、服气。

2. 厌恶的综合反应

厌恶也是进化所得的信息处理机制，当事人在感受到负面刺激时，神经系统会进行判断，如果觉得刺激源比自己差，就会产生厌恶情绪。厌恶是一种**自上而下的否定**，可能会表现为排斥，也可能会表现为不屑一顾，要看刺激源到底有多差。但是，如果这种本来很差的刺激却威胁到了自己的利益，当事人的情绪还可能从厌恶提升到愤怒，进而实施进攻。

所以，最重的厌恶类情绪和愤怒只是一墙之隔。客观上很小的刺激源，如果让当事人感受到了威胁（比如睡不好觉），日积月累也会产生进攻的冲动。记住，刺激力度是当事人的主观评估，而不是客观的大小、长短、轻重等物理属性。

憎恶

一旦决定出手，愤怒已经产生。蚊子这么小的东西，都能让人产生激烈的情绪。人的行为就更容易产生刺激效果了。

一只小小的蚊子，仅仅是骚扰几次，影响了睡眠，都会让人觉得很讨厌。

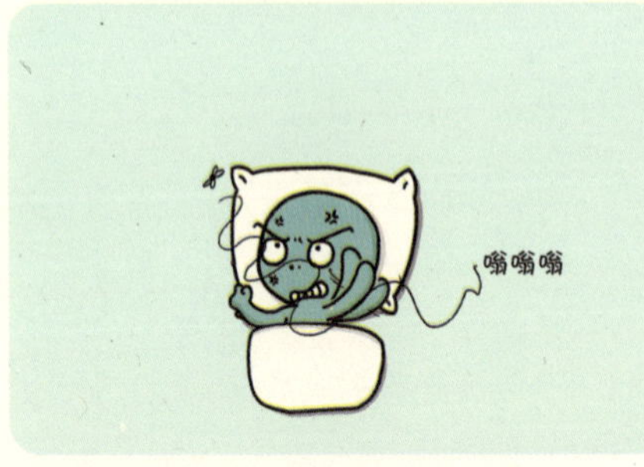

如果骚扰行为继续，打扰的程度提升，心里的厌烦就会不断积累，程度也会不断提升。

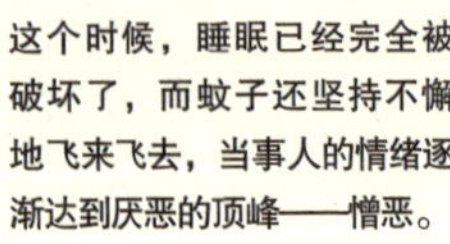

这个时候，睡眠已经完全被破坏了，而蚊子还坚持不懈地飞来飞去，当事人的情绪逐渐达到厌恶的顶峰——憎恶。

在拥挤的公交车上，如果有一个猥琐的家伙贴近女孩试图有所行动，女孩就会本能地产生强烈憎恶，因为这种行为趋势（还没有发生）是对女孩尊严的严重挑衅。

当然，每个女孩的行为习惯不同，所以不是只有憎恶一种情绪。经多见惯的会轻蔑，烈性子的会愤怒，胆子小的会恐惧，等等。还是那句话，情绪源自于当事人对刺激源的主观评估。

讨厌

当事人觉得问题没有那么严重，不值得高度警戒准备应对的时候，情绪就会从憎恶下降为讨厌。所以，还是之前那个拥挤的车厢里，如果女孩觉得男人不是针对自己，而仅仅是对臭味、汗水或者丑陋等其他原因不满，心里的感受就不是憎恶，而是讨厌。

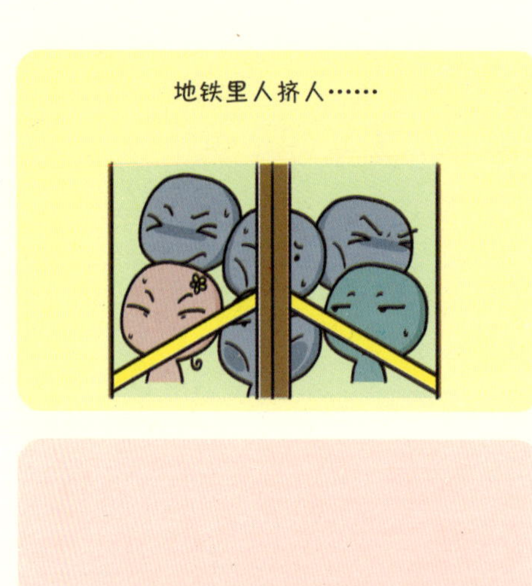

讨厌的时候，多会采用排斥的动作，或者逃离的反应，使自己与刺激源保持距离，以免持续遭受负面刺激。

轻蔑

说了很久的负面刺激，到底什么是负面刺激？不一定是有人故意找碴儿才算负面刺激，任何不符合自身利益诉求的信息，都可以归属为负面刺激。两支球队的对抗，有规则约束，够文明，球员之间甚至可能是好朋友，够友好，但因为是比赛，要争输赢，所以对抗的双方都给彼此“发射”负面刺激。

如果一方的水平明显低，那么这种低于自身水平的负面刺激，就会让另一方产生轻蔑的情绪。

耍帅地运球

注意，球被切走的一瞬间，冻结反应！

因为对抗过程中相比对方自己有明显优势，也就是负面刺激明显低于自己水平，所以轻蔑油然而生，甚至还可能有些得意。

不屑

自以为是是特别让人讨厌的。如果真的是只有自己觉得自己还不错，但其实错得很离谱，那么在懂行的人眼里，这种无知的行为就根本不存在任何值得关注的价值，由此产生的情绪就是经典的不屑。

看这位戴着金丝眼镜的白领海龟，在会议上慷慨激昂地发言。

不过我们注意到他有个习惯，发言的时候喜欢中英文混杂。中英混杂也没什么，因为有很多概念的确用英文原文表述更准确、更好理解。但是，像team（团队）、No.1（第一）这样的普通词汇完全可以使用中文，这就有点装吧？

结果，他动员每个人都要忙碌起来：“要做到这样，我们必须everybody（每个人）成为busybody（本意为好管闲事的人，此处想表达大忙人的意思）！！”

3. 愤怒的综合反应

愤怒表情

从厌恶情绪到愤怒情绪，是一个负面刺激不断提升而引起的情绪转变的过程。当负面刺激让人觉得影响或是威胁到自身的利益时，怒火就会喷薄而出！

一个男孩抱着礼物冲出并大喊：“MM（妹妹），我真的喜欢你！”如果女孩不喜欢他，就会一脸厌恶地撇嘴扭过头去。

虽如此，但男孩坚持不懈；用各种方式在各种场合表白。

直到有一天，这个男孩咚咚敲门，找上门来。

此前的行为已经在女孩心中积累了深深的反感，这时的上门行为，无异于侵犯，因为这严重影响了女孩的正常生活。女孩的情绪从厌恶直接提升为愤怒。

女孩的男朋友在门后也咬牙忍耐，内心的愤怒可以从身体姿态和面部表情观察出来。

摔门，是攻击的变形动作，所有的怒火都发泄在门上。和打在对方身上是一样的性质，可以发泄心中的愤怒。

愤怒情绪是维系生物生存的重要情绪，因为遭受威胁之后，需要调动身体的能量和动作来为自己的利益而战。从这个角度来讲，人的愤怒和动物的愤怒本质上没有差别。战斗欲望，就是愤怒的外在表现。

狗在争抢食物的时候，就会出现经典的战斗反应：龇牙咧嘴，露出武器威慑对方；低声呜吼，表示自己的战斗决心；收缩胸腹，保护好自己的脆弱部位；眼睛紧紧盯着对方，随时准备进攻。

4. 恐惧的综合反应

“恐惧”听起来好像是极其没有出息的表现，好像很没用的样子。其实，恐惧是一种非常“聪明”的心理机制，在面对比自己强大的对手时，恐惧可以让当事人不要因盲目的战斗造成不必要的牺牲，采取逃跑或者其他策略，给自己留一条活路。

我们可以按照心里面对刺激源的危险级别评估，将恐惧类情绪细分成几种不同的状态，常见的有恐惧、害怕、不安、担忧。

恐惧

当一人在家里关着灯，用被子捂着脸看恐怖片的时候，通常会产生超越生理伤害的恐惧。这时候最经典的反应是：身体收缩、发抖，甚至感到寒冷；手臂建立自我屏障；同时眼睛保持着高度关注。

害怕

小孩子正在家里开心地玩耍，左蹦右跳的时候一不小心把桌子上的花瓶打碎了。为了避免被妈妈发现骂一顿，小家伙自作聪明地把花瓶碎片踢到床底下。不过妈妈最终还是发现了。当一脸怒气的妈妈瞪着眼睛问“怎么回事？！”时，小朋友知道，这顿骂是逃不掉了，顿时害怕得不得了。

注意，此时责罚还没有真的开始，所有的情绪是来自于小孩的经验和对事情发展趋势的估计。所以，抓住恐惧类情绪的一个要点就是，真正的负面结果还没有产生。

即使是成年人也会时不时地遇到可能让自己感到害怕的事情。比如，本来发给闺蜜的短信，一不小心发错了……

同样，真正的负面结果还没发生，害怕的感觉主要来自自己的经验和对事情发展趋势的判断。如果真的被老板惩罚了，心里反而可能就不害怕了。

不安

病人就诊的时候，会特别关注医生的反馈。如果医生诊断过程中沉吟的时间越长，病人心里就越没底，不确定病情一定是十分严重的病了！但又不明白为什么医生这么为难呢？这种不太确定的负面结果总是很折磨人，此时产生的情绪就是恐惧类中的不安。

上面的状况会让当事人的不安越来越严重。当病人认为医生反馈的情况暗示了不好的结果，情绪就会从恐惧转变为悲伤。

担忧

如果负面刺激源并不能直接导致伤害或者损失，而是导致损失利益的结果，也许恐惧的情绪就不会像前面那么严重，取而代之的是担忧。实际上，担忧的时候：第一，不确定恶性结果一定会发生（所以恐惧情绪程度很轻）；第二，即使发生了也不会很严重。简单地说，刺激源力度减小，情绪反应也会减弱。

应聘结果还没明确的时候，应聘者比较常见的情绪就是担忧。

在这个等待的过程中，应聘者频繁地看手机、查邮件，不停地确认是否有结果，就是担忧的典型表现。

需要注意的是，人在产生恐惧类情绪的时候，通常伴有逃离反应、安慰反应以及仰视反应。

逃离反应

比如，女性遇到“小强”……

zzzzZZ……

安慰反应

又比如，招聘时面对考官的紧张……

准备面试的时候，双手紧握并摩擦、出汗、吞咽口水，都是紧张（怕失败）的表现。

拘束的冻结反应。脸上是紧张、谄媚的样子，还有一滴汗。

被叫到名字之后小心翼翼地推开门、规矩地坐好（双腿并拢，拘束；手放在膝盖上，很规矩的样子），这些都可以说明应聘者的弱势心态。还记得前面讲过的吗？这样的坐姿属于拘束性的冻结反应。

领地反应（注意看腿的角度），常见于自负心态出现时，要么是超级自信，要么是外强中干。

如果是底气十足的人，则会大马金刀地推开门，坐姿也不会拘束（基本的礼貌还是会有的）。

提示：

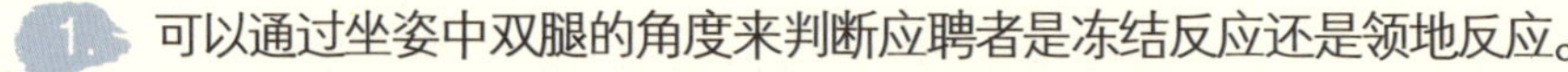

1. 可以通过坐姿中双腿的角度来判断应聘者是冻结反应还是领地反应。

2. 如果领地反应明显，说明当事人可能存在自负心态，要么是有真才实学（被拒了也没关系，此处不留人，自有识才处），要么是有特殊关系（相信不会被拒）。当然还有一种可能，那就是双腿是故意分开的，用来表达自己的“霸气”，其实则是外强中干。但这样的人，通常会身体僵硬、反应滞涩，还会有各种恐惧时的安慰反应。

仰视反应

在遇到实力比自己强大的对手时，会不由自主地出现敬畏——仰视反应。这种实力对比不仅局限于身体条件强大，还包括经济、政治、名誉、地位等方面相对优越。

大孩子欺负小孩子的时候很凶，但遇到更凶的大人，也会变得害怕。两个小孩在遇到比自己强大的人时，都出现由恐惧情绪主导的仰视反应。

5. 悲伤的综合反应

人在面对自己无力挽回的负面结果时会产生悲伤情绪。现实生活中让人感到无力的结果、处境有很多，以生离死别最为典型。

有一个感动过很多人的故事。爸爸得了白血病，为了鼓励和安慰自己的孩子，说是为了练习武功剃光了头。每次看到这种让人唏嘘的场面，感受到慈祥的父爱，就会让人感动得流泪。

除了典型的悲伤情绪外，悲伤类的情绪还有很多衍生状态，比如难过、委屈、无奈、失望以及愧疚。这些状态都是因为面对了一个负面结果，且结果不能被挽回而产生的。我们仅以愧疚为例说明。

出租司机是很辛苦的职业，为缓解城市公共交通压力作出了巨大的贡献。一些出租司机有时候会打打牌、睡睡觉休息一下。结束工作收车之后，还会和兄弟们聚在一起喝点小酒。深夜回家后，感受到妻子的细微关怀，心中免不了因“晚归”而感到愧疚。

老婆啊……我还在拉活儿呢，
晚点回去……

还没吃饭吧？吃完东西
赶紧休息！

悲伤的时候，身体的典型反应与胜败反应中失败一方的表现相同——颓废、萎靡、无力。失败感在比赛失利、排名靠后的时候比较容易出现。

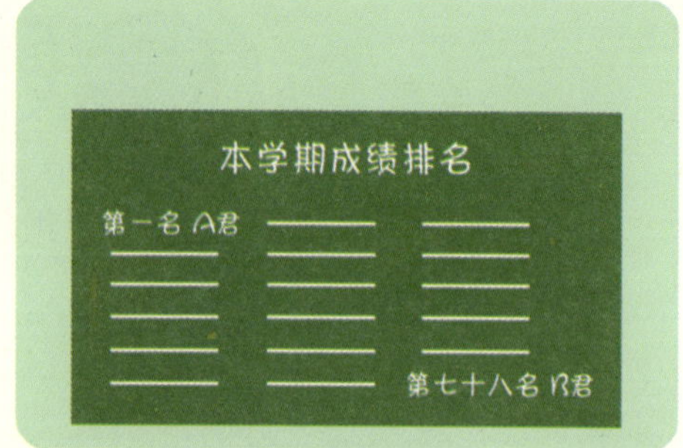

一旦失败的结果发生，身体就会失去支撑的力量向地球引力投降，全身“疲软”。

6. 愉悦的综合反应

人总会对自己有一个认知，然后对自己身边的人和事有一个趋利避害的预期。多数时候，作为人类，我们需要去不断地克服客观存在的困难，也就是应对负面刺激。当刺激源能够大于、等于我们的自我认知或者预期时，就会让我们产生愉悦的情绪，然后通过各种动作表现出来。

正所谓“久旱逢甘霖，他乡遇故知，金榜题名时，洞房花烛夜”，是人生四大喜事。

丰收时，辛勤劳动换来了丰厚的物质收获，今后一段日子的生活品质会得到保障和提高，这种满足感当然会让农民伯伯咧嘴大笑。

遇到朋友或者合作伙伴，双方的力量融汇在一起，可以互相支撑、互相帮助，取得更大的收益。就算不是一起做急功近利的事情，彼此心里的安全感和趋近感也能引发各种满足和愉悦。

寒窗苦读十余年，经历了艰苦卓绝的备考过程，终于能够踏进满意的大学校门，开启一段充满希望的新生活，想不开心都难。

找到真爱意味着什么？找到一个能让你生理兴奋、心理趋近并希望长相厮守的人（注意这三个条件缺一不可），从此以后两个人可以天天在一起，彼此给予的比朋友还要多。这当然是一件非常幸福的事情。不要觉得生理兴奋是一件多么丢人的事情，不要把自己当成“神”那样完美的人。人毕竟只是动物，繁衍是动物的两大终极需求之一，找到了心仪的人当然开心！

人生中纯粹的愉悦和笑容随着年龄的增长逐步递减，因为年龄越大，需要操心费力的事情也就越多，需要应对的负面刺激也就越多，所以很难像小时候那样没心没肺地傻笑。进入社会后，人更多的是使用培训和模仿所得的“社交笑容”来向他人展示善意和愉悦。社交笑容在微反应研究体系中属于假笑，但不一定是虚伪和阴险的伪装。

公司过节聚餐的时候，即使心情再不好，如果有人来敬酒，还是得强打精神用笑容来礼貌应对。

在这种情况下，强打精神的笑容就不是包藏了什么坏心，仅仅是社交礼仪使然。

更有甚者，在面对极其负面的情况时，人们也会使用温暖的笑容来彼此鼓励，以便能够通过自己的愉悦和轻松来感染对方，鼓励对方。

在泰坦尼克号沉没的那一段时间中，Jack和Rose浸泡在冰冷的海水里，只抱着一块木板，面对着极度的生理痛楚和即将来到的死亡，看，笑容是多么珍贵！

所以说，人们已经学会了在没有愉悦情绪的时候，灵活地使用笑容来展现自己的积极诉求。这是经过长达十几年的学习得来的，人们已经习惯了这种社会礼仪（礼仪是一种共识），而这种社会礼仪则是经过千百年的积累，逐步从人的本能反应（愉悦时的笑）固化成社会共识。当然，强颜欢笑更多的时候还是当事人感受到社会规则的约束，不得已而为之。

比如，在面对老板的批评时，谁也不会像动物一样，直接把心里的悲伤、恐惧、愤怒或者厌恶表达出来，而是大多使用笑容来表示“没什么”。

看得出来你没少花时间，但是
报告中还是有几处硬伤。

除了花时间，还要多花心思，
明天中午之前重新做好。

嗯！是！是！一定！一定！

二、复合情绪的表现

在前面的内容里，我们重新梳理了各种微反应，以及导致这些反应产生的情境、刺激源和情绪。进行学术研究的时候，要把每一个现象单独作为研究对象，并寻找与其具有因果关系或者相关性的其他因素，俗话说就是“掰开了揉碎了”来进行研究。但在实际应用过程中，真实的现象往往都不会那么纯粹，人的真实应激反应通常是复合出现的，而且情绪也是动态变化的，不会稳定地处于某一种情绪，比如惊讶，来得快消失得也快，厌恶可能转为愤怒，斗争过程中，愤怒又会转变为厌恶或者恐惧，而恐惧出现不久，就可能开始掺杂悲伤，也可能掺杂愤怒，进行挣扎困斗。

所以，在这一节里面，我们会探讨一个您更加关心的问题：人在现实生活中非常少见纯粹的情绪，无论是瞬间的情绪反应，还是一段时间之内的心情，几乎都是复合的、动态变化的。一个人每天会因为遇到各种不同的情况以及刺激源，更换若干种不同的情绪。

我们通过几个例子来把这种复合的、动态变化的情绪状态，以及由它们所引发的微反应解析清楚吧。

小故事

年轻漂亮的白领上班族MM在早高峰时挤地铁，一上地铁却意外地发现有一个空座，赶紧扑过去坐下。这时候心里的情绪就发生了快速的衔接和切换，刚刚发现座位的时候是惊讶（因为这太不正常了），然后确定可占领后转变为愉悦（很有可能是得意）。

不过，在乘坐地铁时，遇到有人边唱歌边乞讨。看到那些健康的人，总会让MM在心中问一个“为什么”，这时心里就会产生厌恶情绪，同时一脸嫌弃（嫌弃也是厌恶类的一种）地把脸转过去（逃离反应）。

如果这个乞讨者不是真的需要帮助，那么无理纠缠就会让MM心里的厌恶积累并提升至愤怒，因为这种行为侵犯了身体的领地、心理的尊严，所以可能会引发愤怒的表情和挥手驱赶的动作。

但如果对方的确需要帮助，MM可能会心生同情、怜悯，这两种心情都属于悲伤（对他的遭遇感到无力），也就会放弃排斥，给予适当的帮助。

好不容易来到公司楼下，眼看快迟到了，急急忙忙冲进电梯。没想到，电梯走到一半的时候，却发生故障突然停了下来。一瞬间，所有的灯都熄灭了，吓坏了所有人。这种直接威胁到生命安全的压倒性刺激源（压倒性=没什么办法），会引发高度的恐惧情绪。

MM急忙不停地按紧急通话按钮，终于有人接了电话，工作人员安慰MM不要着急，马上会有人来维修。MM终于松了一口气。尽管危机还没有解除，但是得到专业人员的承诺，那种整体恐惧情绪中瞬间的愉悦还是会让大家紧张的神经舒缓很多。这就是典型的复合情绪——大恐惧+小愉悦。

电梯终于修好，MM被解救，但是冲到办公室时已经过了9点，一进办公室，看到老板正在巡视，心里紧张极了。迟到总是不好的，不巧碰到了严肃的老板，内心遭受双重压力，又没有什么抵抗或解除的办法。这时的心情则是从一种恐惧（生理恐惧的惊魂未定）转变为另一种恐惧（迟到的不安）。

MM紧张地向老板解释了迟到的原因，老板没有生气，反而笑眯眯地说："既然不是你的问题，那就没事了。"居然还顺便夸奖了MM几句："这几天你工作表现很不错嘛，继续努力！"MM一下从担心（恐惧类）变为了开心（愉悦类），即使窗外是阴天，心里也能感受到阳光。

MM和男朋友通电话："亲爱的，过几天人家的生日party（聚会）你可一定要来啊！"GG（哥哥）："当然，一定！"两情相悦的时候，总会这么甜蜜。

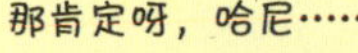

就在生日的前一天，GG突然打来电话。在短暂的瞬间惊讶之后，MM马上明白了状况，心中的怒火瞬间燃起。无奈，结局是不能改变的。

生日party当晚，亲朋好友们都到场庆贺，但是MM心里还是很失落（悲伤类），最在乎的人没有来，怎么都高兴不起来，强颜欢笑是免不了的。

突然，有人敲门。MM去开门，竟然发现GG在门口，怀里抱着好大一束花，还有礼物。MM实在太意外，不由得愣住了（冻结反应），然后紧紧地抱住GG（愉悦情绪，爱恨反应）。

临近期末考试，学校自习室座位紧张，A同学早晨6点自习室一开门就跑去占了个座位，然后回去吃早饭。没想到回来自习时，发现自己的座位被另外一个同学B坐了。A先是疑惑（这不是我的座位吗？），确定是自己的座位后很不高兴（领地被侵犯，愤怒）。

A抑制自己的愤怒据理力争，无奈B根本不搭理A，继续低头看书（轻蔑很容易激发对方的愤怒）。A的愤怒进一步提升，一把抢走B的书（进攻行为），提高音量（进攻行为）："这是我占的座位，请你走开！"B也很生气。两人进入对抗状态。

B的愤怒提升，从座位上站了起来，个子足足比A高一头，身体也强壮很多。讲理行不通，武力又占不了便宜，这时A开始不安（恐惧类）。

在A确认B丝毫不退让，且自己毫不占优势的情况下，只好拿起自己的书，掉头去找别的座位。这种无奈属于悲伤类情绪，身体上会出现明显的战败反应。

总结：

通过这几个故事，我们首先要知道，表情和反应往往不是单独出现的，而是与情绪同时出现。其次，很少有纯粹的情绪及其微反应“简单干净”地出现，通常是几种情绪共同存在。微反应形态也是动态的、复合的。因此，我们才需要学习如何对反应形态进行拆解，准确把握其中的每一个形态的含义，更加全面和准确地把握对方传达出来的信息。

三、各种情况下都能使用微反应

在前面的内容里，我们使用了大量生活中的案例来进行解释和说明，目的是为了把心理应激微反应的全过程，即“刺激源→情绪→微反应”解析出来给大家看，着重强调这三个部分在分析过程中是缺一不可的。但这并不代表我鼓励大家在自己的生活中到处去观察和分析。恰恰相反，心理应激微反应分析体系有着严格的要求，必须遵从第二章中讲到的四个主要步骤，即情境分析、被试行为模式分析、问题设计和实施、捕捉微反应并进行逻辑分析。此外，分析的过程中还要求遵循四个原则：

1. 不做肉眼分析。要想对分析结果负责任，就必须进行视频回放，反复观看客观记录，而不能相信瞬间的肉眼观察和猜想。

2. 物证优先。微反应分析仅仅是一种有依据的猜测，一旦有物证出现，可以果断推翻与之相反的微反应分析。

3. 双向推导。同一个应激反应，可以解读为很多种表意可能。比如说话时语言迟滞不清，可能是因为说谎话，但也可能是因为不愿意面对这段经历（实话）。要尽量寻找微反应中有利于当事人的解读意义，以防因偏见和猜测冤枉好人。进行微反应分析时一定要“宁纵勿枉”。

4. 以矛盾为质疑的基石。千万不要拿着不靠谱标准去套用，没有情景分析、没有应激反应分析的结论，就没有任何价值。质疑必须以找到矛盾为基础，而不能仅仅以某个反应形态出现为基础。

综上，我们诚恳并严肃地建议，心理应激微反应分析体系应该优先在专业应用中使用。对于普通的日常生活，尤其是在需要投入感情的生活中不建议使用。在亲情、友情和爱情中，谁动了分析的念头，谁就已经输了。

四、专业应用三个领域

在专业的人际交流领域中，微反应可以作为一种辅助手段，帮助获取更多的有效信息。我们用以下三个专业领域的应用为例加以说明。

1. 司法讯问和测试

侦查员提问：“8月5日晚上7点左右，你在哪里？谁能证明？”

嫌疑人视线向左上方转移，停留超过1秒，嘴微微张开，这是投入回忆的基线反应。真实的回忆比较松弛，敢于转移视线，并消耗一定的时间（以秒计），然后回归对视。

嫌疑人没有视线转移，直盯着侦查员，一副笃定的样子，回答流畅。这是违反回忆基线反应的矛盾点。

其实，案发时间是7月5日，8月5日没有什么案情发生。侦查员故意这么问，目的是确立回忆基线，以便后期问到与案件相关问题的时候作比对。

记忆的正常规律是，越早的事情越容易记不清楚，除非是具有特别的原因让人印象深刻。找到矛盾之后，可以作为怀疑的点，据此加大施压力度。

2. 新闻采访中的观察和提问

为什么有媒体披露出，您的这次卸任和大权移交，是无奈之举，而并非如您所说的那样，是正常的人事变更？

记者采访国内某著名大企业的董事会主席。

企业家听到问题后，把头仰向天空，身体仰靠在椅背上，叹了一口气，停止3秒钟没说话。

后仰——逃离反应；出气——战败反应，是无奈的表现。这两个反应说明记者的提问引发了企业家的情绪。那么只要针对问题所含的信息和情绪解读进行逻辑判断，就可以猜到真相了。

不过，企业家到底是久经风雨，很快就换上一副社交面具，恢复视线对视，并一字一句很郑重地说：“不，就是正常的人事变更，不用听信其他消息。”

既然已经找到了有效刺激的方向，在被访者给出冠冕堂皇的答案后，还应该按照既定的方向提出更加有力度的问题。

前面分析出了无奈，说明前任并不是非常愿意将权力交给继任者，那么听听前任怎么评价继任者是理所应当的。观察在评价的过程中，对方对继任者流露出的情绪，如果是负面的，则与前面的逻辑分析吻合，可以继续加深刺激。

3. 人力资源管理

招聘最重要的两个目的是：一、考察对方工作经历真实性，以确定诚信度和工作能力；二、考察对方入职之后的可开发性，以确定他能够给团队带来的效益。

通常这种形容词和表语过多的陈述，内容较虚，有水分。比较有效的提问方式是“细节逼问”。

五、不应该使用微反应分析的领域

需要投入感情的事情，一定要用心相处，坦诚相待。一旦动用了分析的念头，其实就已经输了。

爱情

爱情中吃个小醋是很正常的状况，不要滥用分析技术让自己变得更有理，不论分析对错，两败俱伤是肯定的了。

再强调一遍：需要投入感情的交往，一定不要滥用标准进行分析。因为在有感情倾向的时候，很难保持中立和冷静，容易按照自己的自我暗

示，强行选择一种答案，并为这个答案拼凑证据。

也许你会说，分析错了当然会两败俱伤，但我就是怀疑他有问题，而且我有充足的证据，也不应该据理力争吗？

就算分析对了又怎么样呢？在情感交往中，谁是输家？谁是赢者？

一个问题：你是打算战胜对方，还是打算继续相处？

瞳孔的确是不能随意控制的。但是，看到漂亮的、有吸引力的东西时，瞳孔放大是动物本能，并不代表着背叛和人品差。我相信，他看到超酷跑车的时候，瞳孔也会放大的。

亲情

在家庭生活中，也需要用心爱护，彼此信任。万一分析错了，制造冤假错案会让双方都很尴尬的。

这么明显的愧疚表现，就是做了错事，还嘴硬。又有产生的仰视反应负反应，这是明显的说谎！！跪下！！

没有，不是我拿的。

就算分析对了，也会伤了家人的心，造成不能弥补的伤害。毕竟，争输赢是次要的，健康和开心才是最重要的。

六、最后的忠告

在这一章中，我们把六种主要情绪的微表情和八类微反应进行了梳理，使用的生活情境案例是为了帮助大家建立“心理应激微反应”的完整概念，即有情境、有刺激、有情绪、有反应。需要说明的是，我们不建议在生活中使用微反应的分析体系，尤其是需要投入感情的生活，仅建议在专业工作中使用。

实际使用过程中，需要注意的一点是，现实状况中的情绪并不会那么纯粹和单一，所引发的微表情和微反应也不会单独出现，而是动态的、复合的。这就要求我们在实际使用的过程中，必须学会形态拆解，才能准确把握线索，找到真相。

最后，感谢大家耐心看完这本晦涩的漫画书。生活是美好的，掌握更多的科学和知识也是为了让生活变得更美好。希望大家开心！